Ronja von Wurmb-Seibel, 1986 geboren, studierte Politikwissenschaften in München. Sie arbeitete als Redakteurin im Politik-Ressort der *ZEIT*, bevor sie zwei Jahre lang als Reporterin aus Kabul berichtete. Inzwischen lebt die mehrfach ausgezeichnete Journalistin, Autorin und Filmemacherin im bayerischen Dünzelbach. Bei DVA veröffentlichte sie *Ausgerechnet Kabul; Wie wir die Welt sehen* ist ihr zweites Buch.

Außerdem von Ronja von Wurmb-Seibel lieferbar:

Ausgerechnet Kabul. 13 Geschichten vom Leben im Krieg

www.penguin-verlag.de

WIE WIR DIE WELT SEHEN

Ronja von Wurmb-Seibel

Was negative Nachrichten mit unserem Denken machen und wie wir uns davon befreien

PENGUIN VERLAG

MIX
Papier | Fördert
gute Waldnutzung
FSC® C014496

Penguin Random House Verlagsgruppe FSC® N001967

1. Auflage

Umschlaggestaltung: Büro Jorge Schmidt, München,
nach einem Entwurf von zero-media.net, München
Satz: Satzwerk Huber, Germering
Druck und Bindung: GGP Media GmbH, Pößneck
Printed in Germany 2024
ISBN 978-3-328-11084-2

www.penguin-verlag.de

INHALT

Stories bring us together,
untold stories keep us apart.
We are made of stories

ELIF ŞAFAK

EINS:
WIE WIR DIE WELT SEHEN

Ich weiß nicht mehr, wie der Moment aussah, in dem ich aufhörte, Nachrichten zu lesen. Ich weiß nur noch, dass er plötzlich kam, dass er aus einer bewussten Entscheidung heraus entstanden war und dass seit diesem Moment die Welt um mich herum begann, besser zu werden.

Ich bin Journalistin. Ich liebe Geschichten. Und ich liebe Zeitungen. Ich liebe es, beim Lesen von einem Artikel zum anderen zu springen, nicht wissend, wo ich mit dem nächsten Text landen werde. Ich liebe es, in eine Geschichte einzutauchen, in ihr herumzuspazieren, mich umzusehen, alles aus einem anderen Blickwinkel zu entdecken, so lange bis ich irgendwann wieder an Land gehen und zurück in die Gegenwart kommen will – jedes Mal verwandelt, auf eine mir unerklärliche, nahezu magische Weise: Als würde ich die Welt und meinen Platz darin mit neuen Augen sehen.

Trotzdem habe ich seit Jahren keine Zeitung mehr gelesen. Ich schaue keine Nachrichten, keine Talkshows, keinen Brennpunkt. Ich habe keine News-App auf meinem Handy und wenn ich beim Autofahren Radio höre und Nachrichten beginnen, schalte ich noch vor der ersten Meldung weg. Hin und wieder komme ich nicht drum herum, für meine Arbeit Nachrichten zu lesen. Ansonsten meide ich es, wann immer es geht.

Dieses Buch handelt nicht von mir. Es handelt davon, was ich in den letzten Jahren darüber gelernt habe, was Nachrichten mit uns machen. Mit uns, unserem Denken, unserer Wahrnehmung und unserem Leben.

Jede Geschichte, die wir lesen, hören, sehen oder anderen erzählen, beeinflusst, wie wir unsere Umgebung wahrnehmen. Geschichten bestimmen unser Leben – viel mehr, als wir es ahnen. Ihr Inhalt und die Art, wie sie erzählt werden, beeinflussen die Frage, wen wir wählen, wofür wir unser Geld ausgeben, wohin wir in den Urlaub fahren und wohin nicht. Sie beeinflussen, wie wir den Menschen begegnen, die wir auf der Straße, in der U-Bahn oder beim Einkaufen sehen; wem von ihnen wir vertrauen und wem nicht; vor wem wir Angst haben. Sie beeinflussen, an welche Dinge wir uns erinnern und welche wir wieder vergessen. Sie beeinflussen, wonach wir unsere Kinder fragen, was wir ihnen erlauben, was wir ihnen verbieten. Sie beeinflussen, wie wir unsere Kinder erziehen – und ob wir überhaupt welche bekommen.

Wir Menschen brauchen Geschichten. Wir brauchen sie, um unsere Erlebnisse als Erinnerungen abzuspeichern. Wir brauchen sie, um Mitgefühl zu entwickeln; um die Welt und das Leben mit den Augen anderer zu sehen. Geschichten können Sinn stiften und Gemeinschaft. Sie sind der Kleber, der Communitys, Familien, Freundeskreise und sogar ganze Gesellschaften zusammenhält. Geschichten können Halt geben. Indem sie Situationen außerhalb unseres eigenen Lebens simulieren, helfen sie uns, bestimmte Verhaltensweisen zu trainieren. Wir entwickeln unsere Persönlichkeit anhand von Geschichten: Sie können unsere Sicht auf die Welt und uns selbst bestätigen, genau wie sie alles in Frage stellen können, woran wir bisher geglaubt haben. Sie prägen unsere Identität.

Fast jede Entscheidung, die wir treffen, von oberflächlichen, nicht sehr weitreichenden Abwägungen bis hin zu tiefgreifenden Umwälzungen, die unser ganzes Leben auf den Kopf stellen, hat damit zu tun, welche Nachrichten und welche Geschichten wir konsumieren. Welche Art von Nachrichten, welche Art von Geschichten wollen wir also sehen, hören, lesen? Es ist Zeit, dass wir darüber nachdenken.

~

Überschwemmungen, Waldbrände, Erdbeben, Verkehrsunfälle, Terroranschläge, Kriege, Pandemie: Schlechte Nachrichten dominieren die Medien, und sie begegnen uns überall. Morgens im Autoradio auf dem Weg zur Arbeit, oder auf Monitoren in S- und U-Bahn. In der Mittagspause beim Smalltalk mit Familie oder Kolleg*innen, Schlagzeilen am Zeitungsstand im Supermarkt und immer wieder zwischendrin, über Social Media, direkt auf unsere Handys. Egal, welchen Beruf wir ausüben, welchen Alltag wir haben, wie wir leben: Nachrichten sind ständig an unserer Seite. Und in den meisten Fällen sind sie negativ.

Was macht es mit uns, wenn wir uns ohne Unterlass mit Katastrophen, Gewalt und Zerstörung konfrontieren?

Es beeinflusst, wen wir hassen, wen wir lieben. Es beeinflusst, welche Kommentare wir in sozialen Medien schreiben; ob sie höflich sind oder beleidigend. Es beeinflusst, wie wir uns fühlen, wenn wir morgens aufwachen, und worüber wir nachdenken, wenn wir abends ins Bett gehen. Es beeinflusst, ob wir Angst haben vor einer uns düster erscheinenden Zukunft oder ob wir uns auf sie freuen – weil wir wissen, dass wir selbst und unser Verhalten darüber mitentscheiden, wie düster diese Zukunft überhaupt sein wird. Nur ein Viertel aller Menschen in Deutschland glaubt daran, dass sich die

Lebensbedingungen ihrer Familie in den nächsten 15 Jahren verbessern werden.[1] Weniger als zehn Prozent aller Menschen in Deutschland haben das Gefühl, dass sich unsere Welt zum Positiven verändert.[2]

Nachrichten beeinflussen, welche Versicherungen wir abschließen, und wie viel wir für sie bezahlen. Sie beeinflussen sogar, wie groß unser Risiko ist, einen Herzinfarkt zu erleiden. Sie können sich das alles nicht vorstellen? Ging mir genauso. Bis ich in meinem eigenen Leben gemerkt habe, wie sehr die Erzählungen um mich herum meine Sicht auf die Welt und meinen Alltag prägen.

Geschichten, die wir uns erzählen

Vor ein paar Jahren im Sommer ist meine Oma gestorben. Vier Tage lang saß ich zusammen mit meinen Geschwistern, meiner Tante, meinem Onkel und meiner Mutter an ihrem Bett. Während wir auf den Tod warteten, dachte ich über das Leben nach. Das Leben meiner Großmutter – und was es mit meinem zu tun hatte. Ob es überhaupt etwas mit meinem zu tun hatte.

Meine Oma wurde 91 Jahre alt. Sie hat ihr Leben lang in einem kleinen Städtchen verbracht, Haltern am See. Haltern ist ein beschaulicher Ort. Heute leben dort etwas mehr als 37.000 Menschen, es gibt Kirchen, Altersheime, ein Krankenhaus, eine Polizeiwache, Supermärkte, eine Altstadt mit Springbrunnen, Eisdielen und Pizzerien, einen Stausee, ein Römermuseum, einen Kletterwald, ein paar Bauernhöfe, ein paar Kneipen, eine Disko. Von dort, wo ich aufgewachsen bin, in einem Vorort westlich von München, bis nach Haltern waren es acht Stunden. Als Kind habe ich meine Oma also vor allem in den Ferien gesehen und von einem Treffen bis zum nächsten vergingen oft Monate. Jedes Mal, wenn wir sie besuchten, berichtete meine Oma, was in der Zwischenzeit passiert war: in der Großfamilie, in ihrem Bekanntenkreis, in dem kleinen Städtchen, in dem sie lebte. Und jedes Mal waren die Neuigkeiten schrecklich: Jemand war ausgeraubt worden, an Krebs erkrankt, hatte eine Fehlgeburt erlitten, einen Job verloren, war spielsüchtig geworden oder viel zu früh gestorben. Obwohl es mehr als zwei Jahrzehnte her ist, kann ich mich noch genau an den Tag erinnern, an dem ich dachte: die armen Menschen in Haltern. Ständig passiert irgendein Unglück! Das Leben dort ist viel gefährlicher als bei uns zu Hause. Was haben die nur für ein Pech!

Erst viele Jahre später verstand ich, dass das nicht stimmte. Denn neben den beunruhigenden Neuigkeiten, die meine Oma zu berichten hatte, gab es natürlich auch andere. Bloß erschienen ihr die nicht berichtenswert, oder vielleicht: nicht spannend genug, nicht außergewöhnlich.

Als ich diese Tatsache verstand, arbeitete ich bereits seit einiger Zeit als Journalistin und mein Blick, vor allem mein beruflicher, hatte sich dem meiner Oma angenähert. Mein Job war es, nach Neuigkeiten zu suchen, und weil ich hoffte, die Welt mit meiner Arbeit ein bisschen besser machen zu können, waren die Neuigkeiten oft: Ungerechtigkeiten, Missstände, Dinge, die eigentlich anders laufen sollten.

Ich berichtete über den katastrophalen Zustand des griechischen Gesundheitssystems während der Finanzkrise 2012. Ich besuchte Apotheken in Athen, die kaum noch Medikamente zu verkaufen hatten, sprach mit Wartenden in Arztpraxen, die Angst hatten, nicht mehr behandelt zu werden, und besuchte ein Krankenhaus, in dem Patient*innen auf den Fluren aneinandergereiht in ihren Betten lagen.

Ich schrieb über die mangelnde Versorgung traumatisierter Bundeswehrsoldaten, ließ mir die Bilder zeigen, die sich in ihre Herzen eingebrannt hatten – blutige Körper, abgerissene Beine, ein von einer Bombe zerfetzter Bus –, und las die Beurteilungen vonseiten der Regierung, denen zufolge die Traumata der Soldaten nicht auf den Afghanistaneinsatz zurückzuführen waren, sondern auf eine schwierige Kindheit.

Ich recherchierte zu Kinderarmut in Hamburg, traf Schüler*innen, die zu Hause weder Frühstück noch Mittagessen bekamen, und sprach mit einem Sozialarbeiter, der erzählte, dass viele Jugendliche außer »arbeitslos« und »Superstar« keine Visionen für ihre Zukunft kennen würden. Probleme suchen und finden: Das war nicht nur etwas, das zu meinem Beruf gehörte. Es war das, was meinen Beruf ausmachte. Jedenfalls so, wie ich ihn damals verstand.

Das änderte sich im Herbst 2013, als ich nach Kabul zog. Ich war damals 27, hatte kein finanzielles Polster und keine Vorstellung davon, wie ich für meine Sicherheit sorgen würde. Aber ich wusste auch: Wenn ich das wirklich will – in Afghanistan leben –, dann werde ich es schon hinkriegen.

Vor meiner Abreise hatte ich in Gedanken einige Worst-Case-Szenarien durchgespielt: Wenn ich mich nicht wohlfühlen würde oder unsicher, würde ich sofort wieder abreisen – ich versprach mir selbst, nicht unnötig Heldinnenmut zu beweisen. Wenn ich verletzt oder angeschossen würde, wüsste ich, wie ich mich selbst erstversorgen könnte. Wenn ich entführt werden sollte, würde meine Familie schnell davon erfahren, weil ich mich alle paar Stunden bei meinem Bruder meldete. Er hatte eine Liste von Personen, die er kontaktieren und die alles Notwendige in die Wege leiten würden, sollte er länger nicht von mir hören. Ich hatte eine Versicherung, die Lösegeld bis zu einer halben Million Euro bezahlen würde. Und auch für den Fall, dass ich sterben sollte, war alles geregelt. Ich hatte ein Testament geschrieben und meine Beerdigung geplant. Sogar die Einladung hatte ich vorbereitet. »Meine allerletzte Party« stand vorne drauf. Ich hatte an alles gedacht. Jedenfalls glaubte ich das.

Die erste Geschichte, die ich in Kabul recherchierte, handelte von drogensüchtigen Kindern. Ich fuhr in eines der vielen Armenviertel in der Stadt und besuchte eine Familie, in der zuerst der Vater, dann die Mutter drogensüchtig geworden waren und deren vier Kinder nun auch alle abhängig waren. Eine andere Frau, die ich im Büro einer NGO traf, hatte acht Kinder. Sie alle waren abhängig, auch der Jüngste, ein Baby, gerade mal ein Jahr alt.

Als mir die älteste Tochter die Geschichte ihrer Familie erzählte, fühlte es sich an, als zerbräche mein Herz in tausend Stücke.

»Ich heiße Faima und bin vierzehn Jahre alt. Ich nehme vier oder fünf Mal am Tag Drogen: Marihuana, Opium, Heroin. Meine Geschwister auch. Unsere Eltern sind abhängig, meine Mutter bettelt, mein Vater ist den ganzen Tag zu Hause und raucht. Gerade hat er geschlafen, wir haben ihn eingesperrt und uns weggeschlichen. Wenn er bemerkt, dass wir hier sind, verprügelt er uns.«

»Bist du gerade high?«

»Ja. Als die Frau von der NGO uns fragte, ob wir mitkommen können, war ich dabei, Heroin zu nehmen.«

»Was hältst du von den Drogen?«

»Sie sind gut.«

»Warum?«

»Ich fühle mich ruhig, wenn ich sie nehme. Ich habe keine Schmerzen mehr.«

»Weißt du, wann du angefangen hast?«

»Ich war hungrig und wir hatten nichts zu essen. Da hat mein Vater mir Opium gegeben und gesagt: Hier, danach wirst du dich besser fühlen. Meine Geschwister und ich verkaufen Plastiktüten in der Stadt, um Geld für meinen Vater zu verdienen. Dann kaufen wir Drogen und bringen sie nach Hause. Ich bin verlobt. Mein Vater hat gesagt: Wir haben kein Geld, du solltest heiraten.«

»Wie findest du das?«

»Ich hoffe, ich kann nach der Hochzeit aufhören. Ich werde nicht mehr daheim wohnen und nicht mehr so arm sein, das macht es leichter. Aber ich werde meine Geschwister vermissen.«

»Fühlst du dich für sie verantwortlich?«

»Klar, ich bin die Älteste. Ich kümmere mich um sie. Bald muss meine Schwester Shila das machen, sie ist zwölf Jahre alt. Ich bringe ihr schon alles bei, was wichtig ist.«

»Was heißt alles?«

»Wie man Drogen zubereitet. Das mache sonst immer ich.«

»Und was denkst du über deinen Vater?«

»Ich bin wütend auf ihn. Wegen der Drogen. Und weil er uns nicht zur Schule gehen lässt. Wir müssen jetzt gehen. Ich will zu Hause sein, bevor er aufwacht.«

Ihre Mutter saß während des Gesprächs daneben. Sie sagte mir, es mache sie traurig, wenn sie ihre Kinder so sähe. »Es erinnert mich an die Zeit, als ich so alt war wie sie. Daran, wie ich angefangen habe.«

Als ich der Tochter dabei zuhörte, wie sie über ihre Zukunft sprach, fühlte ich eine Ohnmacht, wie ich sie nie zuvor erlebt hatte.

Am Abend nach diesem Gespräch konnte ich nicht aufhören zu denken. Egal, in welche Richtung ich mir das Schicksal dieser Familie ausmalte, ich sah keinen Ausweg. Mir wurde schlecht, ich bekam Kopfweh und ich merkte, dass ich irgendetwas Positives an dieser Geschichte finden musste, damit ich es überhaupt schaffen würde, weiter an ihr zu arbeiten. Aussichten auf Besserung gab es im Grunde nicht. Die Helfer*innen, die versuchten, den Familien zur Seite zu stehen, waren vollkommen unterfinanziert und Drogensüchtige wurden in der Gesellschaft extrem stigmatisiert. Ein Mitarbeiter der UN hatte mir erzählt, dass in vielen Orten die Leichen der Süchtigen nicht mal auf dem Friedhof begraben werden dürfen. Und die Drogen waren nur eins von vielen Problemen – vielleicht sogar nur: das Symptom. Armut, Gewalt, Hunger, Krieg. Alles Dinge, die sich nicht einfach so ändern ließen.

Ich fand bei meiner Suche nach etwas Gutem also nur etwas Winziges, noch kleiner als ein Hoffnungsschimmer: Die Liebe, die die Familien trotz allem verband.

Als ich eine der Mütter fragte, wie sie begonnen hatte, Drogen zu nehmen, erzählte sie, dass ihr Mann ihr das erste Mal Opium gegeben habe, als sie starke Schmerzen hatte. Und dass auch sie selbst angefangen habe, ihrer Tochter Drogen zu geben, um deren Schmerz zu stillen.

Am Ende schrieb ich:

> Es gibt in dieser Geschichte wenig, was Mut macht. Vielleicht sind es die beiden Töchter, die versuchen, sich gegen das Erbe ihrer Eltern zu wehren. Faima, die wütend ist auf ihren Vater, weil er ihr verbietet, sich behandeln zu lassen. Die zur Schule gehen will und sich um ihre Geschwister kümmert. Und Sorman, die versucht, sich der Droge zu verweigern, die seit acht Jahren ihr Leben bestimmt. Indem sie immer wieder sagt, sie will kein Opium nehmen. *»Wie stellst du dir deine Zukunft vor?«* »Ich will nicht als Junkie enden. Ich will die Schule fertig machen und Ärztin werden. Ich will den Leuten in unserem Viertel helfen.« *»Redest du mit deinen Eltern über die Drogen?«* »Ich sage meiner Mutter, dass sie aufhören soll. Sie verspricht, mit meinem Vater zu reden. Aber das bringt

nichts. Dann sage ich meinem Vater, dass er aufhören soll. Wenn er aufhört, Drogen zu nehmen, kann er nicht arbeiten, meint er. Nur wenn er Drogen nimmt, sei er stark genug, um Geld zu verdienen. Manchmal, wenn ich die Kinder in der Schule sehe, denke ich: Warum kann meine Familie nicht so sein? Warum sind wir alle abhängig?«

Die Antwort darauf ist so brutal, dass man sie eigentlich niemandem zumuten kann, erst recht keinem Kind: Weil deine Eltern Schmerzen hatten, die sie nicht ertragen konnten. Und weil sie auch deinen Schmerz nicht ertragen konnten. Weil sie dich lieben. Viele der Menschen, die in Afghanistan süchtig werden, nehmen die Drogen als selbst verordnete Medikamente gegen die Härten des Lebens, heißt es in einem UN-Bericht von 2009. Opium als Antwort auf den Schmerz einer ganzen Nation. An dem, was es betäuben hilft, kann man ablesen, worunter die Menschen leiden: zu wenige Jobs, zu wenig Essen, zu wenige Ärzte, zu viel harte Arbeit, zu viele Krankheiten, zu viel Angst.

Nadia verteufelt ihren Mann dafür, dass er ihr Opium gegeben hat, aber bei ihren Kindern macht sie dasselbe. Die vierzehnjährige Faima verflucht ihre Eltern für ihre Sucht, aber wenn sie an ihre bevorstehende Hochzeit denkt, ist ihre größte Sorge, wer danach den Geschwistern die Drogen zubereiten soll.

Alle wollen den Schmerz der anderen betäuben. Und verstärken ihn nur.[3]

Nachdem ich den Text abgeschickt hatte, fühlte ich mich erschöpft, vollkommen ausgelaugt und leer. Ich dachte, es läge an meinem Arbeitspensum, am Schlafmangel und am Kulturschock – schließlich war ich erst zwei Wochen zuvor überhaupt in Kabul angekommen. Aber es war etwas anderes: Ich fühlte mich leer, weil die Geschichten mir jegliche Lebenskraft entzogen hatten.

Während der nächsten eineinhalb Jahre, die ich in Kabul verbrachte, erlebte ich das immer wieder: Wenn um mich herum zu viel Negatives passierte, wenn ich zu viele aussichtslose Geschichten hörte, zog es mir den Boden unter den Füßen weg.

Mit der Zeit gewöhnte ich mir an, in solchen Momenten eine Vollbremsung zu machen. Ich sagte alle Termine ab, ging für ein paar Tage nicht aus dem Haus, spielte Brettspiele, schaute Naturdokus, so lange bis es mir besser ging und ich wieder für eine Weile an das Gute in der Welt glauben konnte.

Nach einigen Monaten begann ich gezielt nach Geschichten zu suchen, die Mut machten – nicht aus einer politischen oder journalistischen Agenda heraus, sondern weil ich Angst hatte, sonst komplett durchzudrehen. Ich brauchte die Geschichten. Ich brauchte den Mut und die Zuversicht, die sie mir gaben.

Was ich fand, waren nicht: Geschichten ohne Probleme. Es waren Geschichten, in denen es um mehr ging als nur um ein Problem. Problem plus X. Im besten (und im seltensten) Fall war das X die Lösung des Problems. Deutlich öfter war es eine Person, die alles dafür gab, damit sich Dinge ändern, und die damit anderen Zuversicht schenkte; eine Idee, die das Problem lösen könnte – auch wenn die Lösung selbst noch weit weg erschien; Menschen, die nicht aufgaben, auch wenn das Leben sich ihnen hoffnungslos präsentierte. Ich wollte zeigen, dass es für jeden Missstand einen Ausweg gibt. Dass wir jede, wirklich jede Geschichte so erzählen können, dass sie uns Mut macht. Daran glaube ich bis heute, aus ganzem Herzen: Es gibt in jeder Situation einen Lichtblick. Manchmal müssen wir nur sehr lange, und sehr genau, danach suchen.

Verzweiflung ist unrealistisch

Als ich nach knapp eineinhalb Jahren Afghanistan zurück nach Deutschland zog, begannen mein Partner und ich, einen Dokumentarfilm zu planen. Wir wollten mit Überlebenden eines Selbstmordanschlags in Kabul sprechen. Wir dachten, es würde ein Film über die Folgen des Kriegs werden; das Trauma, das die, die ihn erleben müssen, noch jahrzehntelang begleitet. Doch am Ende wurde *True Warriors* ein Film über das Weitermachen, das Nicht-Aufgeben; nicht nur eine Geschichte über das Überleben, sondern über das Leben selbst. Die Protagonist*innen in unserem Film sprachen nicht nur über die lähmende Angst, die der Anschlag bei ihnen ausgelöst hatte. Sie erzählten auch, wie sie es geschafft hatten, zurück ins Leben zu finden. Wie sie am Ende stärker geworden waren durch das, was ihnen passiert war.

Für den Film beschäftigte ich mich, über die konkrete Geschichte hinaus, mit Terror und mit der Angst, die er auslöst.

Dabei stieß ich auf das Buch *The Psychology of Terrorism Fears* der beiden Wissenschaftler Samuel Justin Sinclair und Daniel Antonius. Sie haben erforscht, wie sich die Angst vor Terroranschlägen auf unsere Gesellschaft auswirkt: Auch Jahre nach einem Attentat werden Menschen noch von ihren Ängsten beeinträchtigt. Diese Ängste beeinflussen Menschen bei der Frage, wo sie leben und arbeiten, wen sie wählen und wie sie sich in politischen Diskursen positionieren, mit welchen Leuten sie sich umgeben und wie sie sich auf die Zukunft vorbereiten.[4] Die Autoren beschreiben, dass die andauernden Nachrichten über mögliche Bedrohungen nach den Anschlägen vom 11. September den gleichen Effekt gehabt hätten, »wie wenn dir jemand entgegenschreien würde, dass du nur zeitlich begrenzt und vergänglich bist«.[5] Mit der Zeit könne dieses Dauerfeuer an Warnungen zu Apathie, dem Gefühl emotionaler Gelähmtheit, führen.

Was mich am meisten überraschte: Die Forscher hatten herausgefunden, dass davon nicht nur diejenigen betroffen waren, die Terrorismus tatsächlich erlebt hatten, sondern auch diejenigen, die ständig Berichte über Terrorismus hörten oder sahen. Mit anderen Worten: Nachrichtenkonsum kann dazu führen, dass wir uns ähnlich fühlen und verhalten wie Menschen, die tatsächlich einen Terroranschlag erlebt haben.

Der Traumaforscher Dr. Philip Zimbardo hat in diesem Zusammenhang sogar einen neuen Begriff geprägt. Er spricht von »Prätraumatischer Belastung«.[6] Anders als bei Posttraumatischer Belastung entsteht der Stress nicht, nachdem das traumatische Ereignis passiert ist, sondern *bevor* es passiert. In vielen Fällen sogar: ohne, dass es überhaupt *jemals* passiert. Das gilt nicht nur für Terror, sondern für alles, was uns in Angst versetzen kann. Wirtschaftskrisen, Naturkatastrophen, Flugzeugabstürze, Krebserkrankungen, eine Pandemie. Je mehr Warnungen wir über eine Bedrohung hören, desto mehr Angst haben wir, dass wir selbst davon betroffen sein könnten. Das, was uns eigentlich schützen soll – Informationen, Warnungen, Sicherheitshinweise –, macht uns kaputt, wenn wir es zu oft hören.

~

So drastisch die Ergebnisse der Forscher waren, sie erleichterten mich dennoch. Bis dahin hatte ich angenommen, dass meine Reaktion auf Nachrichten mein persönliches Problem war. Ein Knacks, den ich akzeptieren und dem ich mein Leben entsprechend anpassen wollte, aber dennoch: ein Knacks. Obwohl ich damals schon mehr als zwei Jahre lang die Erfahrung gemacht hatte, dass es mir guttat, keine Nachrichten mehr zu konsumieren; dass ich den Menschen in meinem Umfeld mehr Mut und Zuversicht geben konnte und dass auch meine Geschichten aussagekräftiger und stärker geworden waren, seitdem ich begonnen hatte, darin nicht mehr nur ausschließlich Negatives zu beschreiben, sah ich das Ganze immer noch als eine Art Fehler von mir. Eine Charakterschwäche, die nichts mit der Welt um mich herum zu tun hatte. Ich dachte, ich muss so schreiben, damit ich überhaupt noch schreiben kann. Damit ich es aushalte.

Die Ergebnisse der Angstforscher halfen mir, die Dinge anders zu sehen: Meine Schwäche war keine Schwäche. Sie war eine ziemlich durchschnittliche Reaktion für jemanden, die Tag für Tag mit Ungerechtigkeit und Gewalt konfrontiert ist. Und das sind wir alle. Nachrichten erreichen uns überall. Woche für Woche erfahren wir von Dutzenden Unglücken, die auf der ganzen Welt passiert sind.

Zahlreiche Studien haben inzwischen gezeigt, welche Effekte der dauerhafte Konsum von negativen Nachrichten auf uns hat. Wir bekommen Angst. Wir schämen uns. Wir entwickeln Schuldgefühle, weil wir nicht noch mehr tun, um die Welt zu verbessern. Wir verlieren Antriebskraft, wir werden zynisch, gestresst, verhalten uns passiv. Wir sind weniger motiviert, Dinge zu verändern. Wir betrachten Missstände als unveränderlich und nicht als zeitlich begrenzte, änderbare Zustände.

In ihrem Buch *Hoffnung in der Dunkelheit* beschreibt die Historikerin Rebecca Solnit, dass Verzweiflung ein bestimmender – und lähmender – Faktor politischer Debatten geworden ist. Manche begriffen ihre Verzweiflung als einen Akt der Solidarität mit den Unterdrückten, unabhängig davon, ob die Unterdrückten sich selbst überhaupt als solche betrachten, aus dem einfachen Grund, dass sie schon ein Leben hatten, bevor sie zu Opfern wurden – und auch noch auf ein Leben danach hoffen. Außerdem gäbe es diejenigen, die aus persönlichen Gründen verzweifelt sind, ihre Verzweiflung nach außen hin aber in Form politischer Analysen zeigen, oft gepaart mit der Behauptung, früher sei alles besser gewesen als heute. Als Drittes diejenigen, die ihre Verzweiflung nutzen, um sich aufzuspielen. Laut Solnit schreiben wir dem Überbringer schlechter Nachrichten häufig eine Autorität zu, die wir denen nicht zugestehen, die einen Sachverhalt in seiner Vielschichtigkeit abbilden. Es sei immer leichter, sich den Weltuntergang vorzustellen als die verworrenen Pfade, auf denen wir in Richtung Zukunft stolpern. Und schließlich diejenigen, die schlichtweg ausgebrannt sind. Die sich beim ehrlichen Versuch, etwas zu verändern, zu sehr verausgabt haben und nun von ihrem Scheitern frustriert sind.[7]

In ihrer Analyse bezieht sich Solnit auch auf die Feministin Susan Griffin. Sie ist 1943 geboren und als Adoptivkind einer jüdischen Familie in den USA aufgewachsen. Von ihr stammt das Zitat: »Ich habe in meinem Leben genug Veränderung gesehen, um zu wissen, dass Verzweiflung nicht nur selbstzerstörerisch ist, sondern auch unrealistisch.«[8]

Verzweiflung ist unrealistisch. Und ehrlich gesagt auch etwas bequem. Wenn sowieso alles den Bach runtergeht, warum sollten wir uns dann überhaupt noch darum bemühen, dass sich die Dinge ändern? Das gilt auch für meinen Beruf. Selbst bei investigativen Recherchen: ausschließlich Missstände aufzudecken ist deutlich einfacher, als zusätzlich Lösungswege zu beschreiben. Und trotzdem machen viele Journalist*innen genau das: In der festen Überzeugung, so am meisten Betroffenheit und Aufmerksamkeit auszulösen, beschreiben sie jede Krise so drastisch wie möglich. Lösungen sollen andere finden. Doch je drastischer und negativer ein Problem beschrieben wird, umso weniger setzen wir uns dafür ein, dass es gelöst wird – ganz einfach, weil wir nicht mehr daran glauben, dass Wandel überhaupt noch möglich ist. Und so glauben, Nachricht für Nachricht, immer weniger Menschen daran, dass sie einen Einfluss auf Politik und Gesellschaft haben.

»Sich ständig auf das Schlimmste vorzubereiten ist eine ungesunde und kontraproduktive Art zu leben. Es bedeutet, mit dem ständigen Fokus auf den eigenen bevorstehenden Tod zu leben«, heißt es in *The Psychology of Terrorism Fears.*[9]

Je mehr ich mich mit Angst und ihren Folgen beschäftigte, desto besser verstand ich, warum sich meine Art, Geschichten zu erzählen, so grundlegend verändert hatte: Ich sah einfach keinen Grund dafür, die Welt noch negativer darzustellen, als sie ohnehin schon war. Noch negativer, als wir sie ohnehin schon sehen. Bis heute schreibe ich meine Texte in dieser Haltung. Und ich habe angefangen, anderen davon zu erzählen, in Seminaren für konstruktiven Journalismus in Redaktionen und an Journalist*innenschulen, in Vorträgen – und jetzt in diesem Buch.

Geschichten anders erzählen

Kurz nachdem ich als Kind damit begonnen hatte, Zeitung zu lesen, blieb ich an einem Artikel hängen über eine Frau, die auf ihrem Heimweg von einer Gruppe Jugendlicher angegriffen, mit Steinen beworfen und dann verprügelt worden war. In dem Text wurde ihr Schmerz beschrieben, ihr Gefühl von Ohnmacht und ihre Angst, die sie seither begleitete, sobald sie alleine unterwegs war. Die Geschichte war packend geschrieben. Beim Lesen hatte ich die Szene des Angriffs bildlich vor Augen, fast so, als wäre ich tatsächlich dabei gewesen. Auch die Angst der Frau konnte ich nachfühlen. Noch mehr: sie blieb. Über Jahre hinweg dachte ich daran, wenn ich irgendwo alleine unterwegs war. Über Jahre hinweg hatte ich in diesen Momenten Angst, und das, obwohl mir selbst nie etwas Derartiges passiert war. Der Artikel über die Frau ist nur ein besonders einprägsames Beispiel dafür, wie langfristig ausschließlich negativ erzählte Geschichten unser Leben beeinflussen. Ich habe hunderte solcher Texte gelesen. Und in vielen von ihnen wurde mehr Gewalt beschrieben, als die meisten von uns in ihrem ganzen Leben erfahren.

Natürlich ist nichts falsch daran, über Gewalt und ihre Folgen zu berichten. Sie existiert. Sie ist Teil unserer Realität. Aber wenn wir *nur* über sie berichten – und nicht auch über Wege, sie zu überwinden –, tragen wir ungewollt dazu bei, dass sich Angst und Schmerz weiter verbreiten. Wir verankern Glaubenssätze, die über Jahre das Handeln derjenigen beeinflussen können, die unsere Geschichten hören, lesen oder sehen. Wir geben der Gewalt eine neue Bühne. Wir verhelfen ihr zu mehr Macht, selbst wenn wir eigentlich genau das Gegenteil erreichen wollen.

Es geht nicht darum, die Geschichte der Frau, die angegriffen worden ist, *nicht* zu erzählen. Es geht darum, sie *anders* zu erzählen. Was, wenn die Autorin miterzählt hätte, wie die Frau es irgendwann geschafft hat, ihre Angst zu überwinden? Oder, falls das in diesem Fall nie passiert ist, wie eine andere Frau, die etwas Ähnliches erlebt hat, ihre Angst überwinden konnte, und wer oder was ihr dabei geholfen hat. Was, wenn sie von einer Frau erzählt hätte, der es gelungen war, sich zu wehren; was ihr dabei geholfen hat und was andere Frauen tun können, um sich in einer solchen Situation zu verteidigen? Was sie im Nachhinein tun können, um sich nach so einem Angriff wieder stark zu fühlen.

Wie hätte ich mich gefühlt, beim Lesen eines solchen Textes und in den vielen Momenten danach, in denen ich alleine unterwegs war? Wie hätte das mein Leben verändert?

Und noch viel wichtiger: Wie hätte es das Leben der Frau verändert, von der die Geschichte handelte? Auch sie hat den Text ja vermutlich gelesen.

Die Schwarze Politikerin Aminata Touré beschreibt, wie sich diese einseitige Art zu erzählen für Betroffene von Gewalt oder Diskriminierung anfühlen kann:

Wenn man aber dazu übergeht, von schönen Erlebnissen zu berichten, weil es diese zeitgleich geben kann, weil man auch Solidarität oder Empathie erlebt hat, passiert Folgendes: Jede schöne Erzählung aus dem eigenen Leben wird als Waffe gegen einen verwendet, um die Forderungen zu delegitimieren und die Existenz von Phänomenen wie Rassismus oder Sexismus infrage zu stellen.[10]

Menschen mit schlimmen Erfahrungen würden gezwungen, Freude und Leichtigkeit zu rechtfertigen. Obwohl es genau diese Freude sei, die zeige, wie das Leben sein sollte.

Wir schmälern das Leid nicht, indem wir neben ihm auch Lösungsansätze erzählen. Wir nehmen die sogenannten Opfer nicht weniger ernst, wenn wir sie nicht nur als hilflos und ausgeliefert darstellen. Im Gegenteil: Erst wenn wir sie nicht mehr ausschließlich als »Opfer« betrachten, begegnen wir uns auf Augenhöhe. Warum sollten wir nichts lernen können von einer Person, der etwas Schlimmes widerfahren ist?

Es geht nicht darum, Negatives auszusparen, nur noch Wohlfühlgeschichten zu erzählen oder Recherchen auf irgendeine Weise »weicher« zu machen. Im Gegenteil: Gerade politische, kritische, hart recherchierte und investigative Geschichten profitieren davon, wenn Journalist*innen auch mögliche Auswege berichten. Die Psychologin Jodie Jackson bringt es in einem Interview auf den Punkt: »Wer aufzeigt, dass ein als unlösbar geltendes Problem lösbar ist, übt Druck aus auf Regierung und Opposition – und hinterfragt so die Machtverhältnisse.«[11]

Und es geht nicht nur um Nachrichten. Der Fokus aufs Negative bestimmt eine ganze Kultur des Erzählens. Wir hangeln uns von Problem zu Problem, von Herausforderung zu Herausforderung, von einer Krise zur nächsten. Egal, ob Journalist*in oder nicht: Wir alle senden Tag für Tag Botschaften und Nachrichten, mit denen wir die Menschen um uns herum beeinflussen.

Bei den meisten von uns ist der Negativ-Filter zum Standard geworden. So sehr, dass wir oft gar nicht merken, dass wir ihn benutzen; dass es ihn überhaupt gibt. Denken wir einmal kurz nach: Wovon erzählen wir unseren Kolleg*innen, unseren Freund*innen, unseren Partner*innen, unseren Kindern? Von den guten, schönen, überraschenden Momenten in unserem Leben? Oder von dem, was schiefläuft? Von Stress und Streit, von Pannen, Ärgernissen, Schwierigkeiten, Problemen?

~

Indem wir die Art verändern, mit der wir unsere Geschichten erzählen, können wir nicht nur unser eigenes, sondern auch das Leben der Menschen um uns verändern. Wie das geht? Das werden wir gemeinsam herausfinden. Dieses Buch wird unseren Weg begleiten. Wir werden erforschen, inwiefern Geschichten unser Denken beeinflussen. Wir werden verstehen, welche Vorgänge in unserem Gehirn passieren, bevor wir uns entscheiden, ob wir unseren Freund*innen lieber die eine oder die andere Sache erzählen wollen. Wir werden merken, welche Erzählmuster sich in unseren Alltag geschlichen haben, und wir werden lernen, uns von ihnen zu befreien. Wir werden trainieren, Nachrichten so zu lesen, dass sie uns nicht länger kaputt machen, sondern uns tatsächlich informieren. Schritt für Schritt werden wir begreifen, wie wir Geschichten so erzählen können, dass sie uns guttun, anstatt uns zu schaden.

Nach jedem Kapitel finden Sie eine Handvoll Experimente, mit denen Sie die Geschichten in Ihrem Umfeld, Ihrem Leben und in Ihrem Kopf erforschen können. Sie können alle Experimente am Stück angehen oder hin und wieder einzelne ausprobieren. Es gibt kein Richtig oder Falsch. Je mehr Sie experimentieren, desto bereichernder wird die Erfahrung sein. Desto einfacher wird es Ihnen fallen, konkrete Dinge in Ihrem Alltag zu verändern.

Mit diesem Buch begeben wir uns auf eine Reise, die weit über dieses Buch hinausgeht. Die Monate dauern wird, vielleicht Jahre. Eine Reise, die uns neue Seiten an uns zeigen wird und die, ganz sicher, auch die Menschen um uns herum verändern wird.

Wenn ich reise, fühle ich deutlich, was sonst oft abstrakt bleibt: dass die Welt unterschiedlich ist an unterschiedlichen Orten und deshalb niemals nur ausschließlich schlecht. Dass Leben überall auf der Welt gleichzeitig nebeneinander passieren. Dass alle Menschen, die ich kenne, nur ein winziger Bruchteil derjenigen sind, die auf dieser Erde leben. Dass ich die meisten Orte der Welt niemals sehen werde und dass das Leben, wenn ich an einem Ort ankomme, schon jahrhunderte- und jahrtausendelang dort existiert, auch wenn es für mich erst in diesem einen Moment zur erlebten und gefühlten Wirklichkeit wird. Ich weiß, dass ich nichts weiß: Zu keinem Zeitpunkt wird mir diese Tatsache so klar, wie wenn ich auf Reisen bin.

Wenn ich auf Reisen bin, höre ich die Stille. Wenn ich auf Reisen bin, sehe ich das leere Blatt Papier. Auch wenn wir uns überallhin mitnehmen, egal, wohin wir gehen – in den ersten Tagen einer Reise gelingt es mir, diese Tatsache zu vergessen. Reisen sind ein Neuanfang. Ein Moment, der es uns ermöglicht, uns die Welt und unsere Rolle darin noch einmal grundlegend neu vorzustellen.

Beginnen wir unser Abenteuer also mit einer kleinen Fantasiereise. Stellen wir uns gemeinsam vor, wie es sich anfühlen würde – und was es in unserem Leben auslösen würde –, wenn wir Nachrichten konsumieren würden, die nicht nur zeigen, wo gerade Schlechtes auf der Welt passiert, sondern auch, wie sich die Dinge zum Guten verändern.

Stellen wir uns vor, die Nachrichten würden uns Tag für Tag nicht nur zeigen, dass Missstände und Ungerechtigkeiten existieren, sondern dass gesellschaftlicher Wandel bereits passiert. Dass sich überall auf der Welt Menschen dafür ins Zeug legen, damit wir freier, sicherer und selbstbestimmter leben können.

Es gibt diese Menschen in jedem Land. In jeder Stadt. In jedem Dorf. Nur in den Nachrichten finden wir sie fast nie. Stellen wir uns einmal vor, es wäre anders. Wie würde das Ihr Leben verändern? Wie würde es Ihre Entscheidungen beeinflussen?

EXPERIMENTE FÜR IHREN ALLTAG

- Hören, schauen oder lesen Sie heute einmal ganz bewusst Nachrichten. Achten Sie darauf, wie es Ihnen geht: vorher – währenddessen – und danach.

- Welche Geschichten hören, sehen und lesen Sie über den Tag verteilt? Wie viele davon sind ausschließlich negativ? Verschaffen Sie sich einen Überblick. Zählen Sie nicht nur Nachrichten, Filme und Bücher, sondern auch Anekdoten, die Ihnen Menschen in Ihrer Umgebung erzählen.

- Wenn Sie das nächste Mal überlegen, welches Buch Sie lesen, welchen Film Sie schauen oder welche Geschichte Sie selbst erzählen wollen, achten Sie nicht nur auf den Inhalt. Erlauben Sie sich auch, darauf zu achten, wie es Ihnen dabei geht.

Wenn Sie mögen, schicken Sie mir gerne eine Nachricht an post@wiewirdieweltsehen.de und erzählen Sie mir, was Sie beim Experimentieren erleben. Ich freue mich, von Ihnen zu lesen!

We live inside ideas.
Some are shelters,
some are observatories,
some are windowless prisons.
We are leaving some behind
and entering others.

REBECCA SOLNIT

ZWEI: ONLY BAD NEWS IS GOOD NEWS? VON WEGEN!

Wie wird eine Nachricht zur Nachricht? Was entscheidet darüber, ob uns ein Ereignis *berichtenswert* erscheint oder nicht? Gehen wir alle nach demselben Prinzip vor wie meine Oma? Dass nur das Außergewöhnliche, das Drastische, das Schlimme überhaupt »der Rede wert« ist?

Wenn wir den Einfluss, den Nachrichten auf uns haben, verstehen wollen, müssen wir erst einmal verstehen, was Nachrichten sind – auch wenn uns das im ersten Moment vielleicht absurd vorkommt. Wir wissen doch, was Nachrichten sind! Wir haben sie ja ständig um uns. Natürlich wissen wir alle, was eine Nachricht ist. Doch gerade bei Dingen, die wir zu kennen glauben, übersehen wir oft die entscheidenden Details. Schauen wir also einmal genauer hin.

Nachrichten sind eine Auswahl von Ereignissen, die in einem bestimmten Zeitraum – einem Tag, einer Woche, einem Monat – passiert sind. Was bedeutet das? Es bedeutet, dass Nachrichten niemals vollständig sind. Egal, wie viel von ihnen wir konsumieren: Sie zeigen nicht alles, was in der Welt passiert. Sie zeigen manches. Eben: eine Auswahl.

Und zwar nicht irgendeine. Nachrichten sind eine Auswahl von Ereignissen, die den jeweiligen Journalist*innen berichtenswert erscheinen. Nach welchen Kriterien wird diese Auswahl getroffen? Wie erkennen Journalist*innen, ob ein Ereignis berichtenswert ist oder nicht? Nach welchen Maßstäben entscheiden sie?

In vielen Fällen nach den sogenannten *Nachrichtenfaktoren:* Wie viele Leute sind von einem Ereignis betroffen? Sind berühmte Personen beteiligt? Ist das Ereignis ungewöhnlich, vielleicht sogar noch nie da gewesen? Wie weit ist das Ereignis geografisch und kulturell entfernt? Inwieweit betrifft es die Menschen des Landes, in dem berichtet wird? Wie konfliktgeladen ist das Ereignis? Welchen Schaden verursacht es?

Benannt wurden die Nachrichtenfaktoren zum ersten Mal vor hundert Jahren. Walter Lippmann, ein US-amerikanischer Journalist und Schriftsteller, der unter anderem dafür bekannt ist, den Begriff des »Kalten Krieges« geprägt zu haben, veröffentlichte 1922 das Buch *The Public Opinion.* Darin beschreibt er, wie deutlich die öffentliche Meinung durch Medienberichte geprägt wird. Im Kapitel *The Nature of the News* spricht er von zehn Nachrichtenfaktoren, anhand derer Journalist*innen entscheiden, ob sie über ein Ereignis berichten oder nicht.

Im Laufe der Jahrzehnte wurden die Nachrichtenfaktoren von verschiedenen Forscher*innen definiert, die sie jeweils etwas abgewandelt haben. Manche fassen mehrere Faktoren zusammen, andere führen sie einzeln auf. Beim einen wird Sex als eigener Faktor genannt, beim anderen Kriminalität. Grundsätzlich geändert haben sich die Faktoren in den letzten hundert Jahren jedoch nicht. Berichtet wird, was in der Nähe passiert, was ungewöhnlich ist, konfliktreich, berühmte Personen betrifft oder weitreichende Konsequenzen hat.

Jede*r, der oder die als Journalist*in arbeitet, ist den Nachrichtenfaktoren schon einmal begegnet. Sie werden an Universitäten, Volontariatskursen und Journalist*innenschulen unterrichtet, als Anleitung dafür, wie Journalist*innen aus den vielen Dingen, die Tag für Tag auf der Welt passieren, das »Wichtigste« herausfiltern können.

Nur waren die Nachrichtenfaktoren als Anleitung nie gedacht – in keiner der vielen Studien. Keine*r der Forscher*innen untersuchte, ob die genannten Faktoren »nützliche« Nachrichten produzierten, ob sie beim Publikum gut ankamen, ob es ihnen tatsächlich gelang, wichtige Ereignisse von unwichtigen zu unterscheiden, ob sie die Welt um uns logisch erklärten. Alle Studien waren rein deskriptiv.

Alles, was die Forscher*innen versuchten, war: Kategorien zu erkennen, nach denen Nachrichten ausgewählt werden, sie zu benennen und in einigen Fällen zu sortieren. Sie erklären, auf *welche* Art Nachrichten ausgewählt wurden. Nicht: was eine *sinnvolle* Art wäre, Nachrichten auszuwählen. Sie erklären nicht, was sein sollte. Sie erklären, was ist.

Wenn eine reine Beschreibung dessen, was ist, als Anleitung dafür gelesen wird, was sein soll, verlängert sich die Vergangenheit in die Zukunft. Anhand von Nachrichtenfaktoren zu entscheiden, ob ein Ereignis berichtenswert ist oder nicht, ist also in etwa das Gleiche, wie zu sagen: »Das haben wir immer schon so gemacht« – nur mit umständlicheren Worten. Solange wir nicht hinterfragen, warum wir etwas tun und ob wir es auf eine effektive, sinnvolle und zielführende Art tun, reisen wir ohne Kompass – und in vielen Fällen auch ohne Ziel.

»This is not a story!«

Was wir in den Medien sehen, ist kein akkurates Abbild unserer Welt. Es ist wichtig, dass wir uns darüber im Klaren sind. Was wir sehen, ist eine Auswahl von Ereignissen – getroffen nach Kriterien, die sich mit der Zeit eingeschlichen haben und die seither in beinahe unveränderter Form immer und immer wieder wiederholt werden.

Obwohl die einzelnen Nachrichten jeweils stimmen, entsteht in der Summe ein vollkommen verzerrtes Bild. Wenn wir uns das nicht bewusst machen, glauben wir irgendwann, dass die Welt da draußen tatsächlich so ist, wie wir sie aus den Nachrichten kennen. Dass sie tatsächlich so gefährlich ist, wie sie uns in unseren Köpfen erscheint.

Und noch etwas passiert, wenn wir Ereignisse anhand von Nachrichtenfaktoren sortieren. Geografisch und kulturell weit entfernte Länder tauchen auf unserem Nachrichtenradar nur dann auf, wenn dort etwas besonders Tragisches passiert: Kriege, Naturkatastrophen, Anschläge, Flugzeugabstürze. Was macht das mit unserem Bild von den Menschen, die dort leben?

Ein befreundeter Journalist, der jahrelang für eine deutsche Nachrichtenagentur gearbeitet hat, erzählte mir einmal, dass er in jedem Land, in dem er arbeitet, fast ausschließlich für nur jeweils ganz bestimmte Themenfelder angefragt wird. In einem Land waren es Drogenhandel und Krieg, in einem anderen Bergtourismus und Erdbeben. Als wir sprachen, arbeitete er gerade in Australien. Hier sind es Tiergeschichten, sagte er lachend. Haie, Schlangen, Spinnen und andere gefährliche Tiere. Er sagte, wann immer er eine Geschichte vorschlage, die abseits dieser Themenfelder liege, höre er als Antwort: »This is not a story.«

»The danger of a single story« hat es die nigerianische Autorin Chimamanda Ngozi Adichie genannt, wenn wir ein Land, eine Person oder eine Gruppe von Personen anhand der immer gleichen Geschichte oder den immer gleichen Merkmalen beschreiben. Klischees und Vorurteile verfestigen sich, wenn wir solche Geschichten schreiben – und wenn wir sie lesen. Adichie selbst ist es so ergangen. In ihrem TED-Talk aus dem Jahr 2009 erzählt sie, dass sie früh angefangen habe zu lesen – vor allem amerikanische und britische Kinderbücher – und dass sie mit etwa sieben Jahren begonnen habe, selbst zu schreiben:

All meine Charaktere waren weiß und blauäugig. Sie spielten im Schnee. Sie aßen Äpfel. Und sie sprachen viel über das Wetter, wie schön es war, dass die Sonne herauskam. Nun, und dabei lebte ich in Nigeria. Ich war niemals außerhalb Nigerias gewesen. Wir hatten keinen Schnee. Wir aßen Mangos. Und wir sprachen niemals über das Wetter, weil das nicht nötig war.[12]

Weil Adichie als Kind ausschließlich ausländische Bücher gelesen hatte, war sie überzeugt, dass Bücher nun mal ausländische Figuren enthalten und von Dingen handeln, mit denen Adichie selbst sich nicht identifizieren konnte. Erst als sie anfing, afrikanische Bücher zu lesen, veränderte sich Adichies Wahrnehmung von Literatur: »Ich erkannte, dass Menschen wie ich […] auch in der Literatur existieren konnten. Ich begann über Dinge zu schreiben, die ich verstand.«[13]

Adichie erzählt, dass sie dem Phänomen der »einen« Geschichte in ihrem eigenen Leben immer wieder begegnet ist – bei eigenen Vorurteilen, aber vor allem bei dem immer gleichen Bild, das Leute, denen sie begegnete, von Afrika hatten – einem ganzen Kontinent. Als Adichie für ihr Studium in die USA zog, teilte sie ihr Zimmer mit einer Amerikanerin.

Sie fragte, ob sie das, was sie meine »Stammesmusik« nannte, hören dürfe, und war dementsprechend sehr enttäuscht, als ich meine Kassette von Mariah Carey hervorholte. […] Meine Zimmergenossin kannte nur eine einzige Geschichte über Afrika. Eine einzige verhängnisvolle Geschichte.[14]

Ein anderes Mal sagte ihr ein Professor, dass Adichies Geschichte nicht »authentisch afrikanisch« sei, weil ihre Charaktere ihm selbst, einem gebildeten Mann aus der Mittelschicht, zu sehr ähnelten.

Wenn wir die immer gleichen Geschichten über ein Land, einen Menschen oder eine Gruppe von Menschen hören, bestimmt das mit der Zeit, wie wir über diese Menschen denken: Weil wir nicht gewohnt sind, ihre Perspektive zu sehen, fällt es uns schwer, uns in sie hineinzuversetzen. Es fällt uns schwerer zu erkennen, wie viel uns verbindet – wie viele Gefühle, Wünsche, Träume, Hoffnungen, wie viel Angst und Schmerz. Anstatt zu sehen, wie viel wir gemeinsam haben, legen wir unseren Fokus auf das, was uns trennt.

»Fragen Sie sich einmal«, schreibt die Autorin Kübra Gümüşay: »Welche Wahrheiten über marginalisierte Minderheiten sind in Deutschland im Umlauf? Wie facettenreich sind unsere Darstellungen von Schwarzen Söhnen, migrantischen Vätern und muslimischen Großmüttern?«[15]

~

Während meiner Zeit in Kabul habe ich immer wieder erlebt, dass Kolleg*innen in deutschen Redaktionen verwirrt waren, wenn meine Berichte nicht ihren Vorstellungen von Afghanistan entsprachen. Obwohl sie selbst noch nie dort gewesen waren und niemanden kannten, der oder die dort aufgewachsen war, glaubten sie zu wissen, wie das Leben in Kabul, der Krieg und sogar einzelne Menschen auszusehen hatten. Als mein Partner und ich einen Dokumentarfilm über die *Afghan Peace Volunteers* drehten, eine Gruppe jugendlicher Friedensaktivist*innen, hörten wir während des Schnitts mehrfach, die Protagonist*innen sähen ja gar nicht aus wie »echte« Afghan*innen, eher wie junge Menschen aus Europa. Jugendliche, die Jeans und T-Shirts tragen und offenherzig vor einer Kamera über ihre Gefühle sprechen – so konnten Afghanen unmöglich sein. Zu sehr wie wir, zu wenig wie die anderen. Zu wenig fremd.

Die Jugendlichen der *Afghan Peace Volunteers* gehören zu Familien aus unterschiedlichen Ethnien, zwischen denen es in Afghanistan seit Jahrzehnten Konflikte gibt. Als ersten Schritt Richtung Frieden hatten sie sich vorgenommen, gemeinsam in einer WG zu leben. Einige der Jugendlichen hatten anfangs so viel Angst vor den anderen, dass sie das Essen nicht anrührten, das diese gekocht hatten, vor lauter Angst, es könnte vergiftet sein – so viele Horrorgeschichten hatten sie von ihren Eltern über Angehörige der jeweils anderen Ethnien gehört. Auch für sie war die immer gleiche Geschichte über »die Anderen« zu einem Verhängnis geworden, aus dem sie sich nun mühsam wieder befreien wollten.

In der Zeit, in der wir die *Afghan Peace Volunteers* begleiteten, explodierte eine Bombe in der Nähe ihrer Wohngemeinschaft. Keiner der Jugendlichen wurde verletzt, aber die Fensterscheiben in ihrem Haus zerbrachen und ein paar von ihnen standen tagelang unter Schock. Die Jugendlichen hatten den Moment kurz nach der Explosion gefilmt. Wir wollten die Bilder in unserem Film verwenden, um zu zeigen, wie plötzlich und unerwartet jeder Anschlag das Leben der Menschen in Kabul unterbricht. Zurück in Deutschland diskutierten wir dann mit Redakteuren, die der festen Überzeugung waren, wir müssten schon zu Beginn des Films verschiedene Anschläge in Kabul zeigen – um ein Gefühl dafür zu vermitteln, wie es sich anfühlt, in einem Kriegsgebiet zu leben: Ständig in Angst vor dem nächsten Anschlag. Als wir ihnen sagten, dass in Wirklichkeit jeder Anschlag unerwartet käme und deshalb umso brutaler sei, entgegneten sie uns, dass wir wohl schon zu lange in Kabul gelebt hätten. Der Alltag dort sehe nun mal einfach nicht so aus. Die beiden waren noch nie in Afghanistan gewesen, und auch in keinem anderen Kriegsgebiet. Trotzdem waren sie sicher, die Realität dort zu kennen. Schließlich hatten sie Filme aus Kriegsgebieten gesehen, und Nachrichten. Sie wussten doch, wie es in Afghanistan aussieht! In Wirklichkeit wussten die beiden bloß, wie die immer gleiche Geschichte über Afghanistan aussieht.

Die Psychologin Jodie Jackson schreibt: »Wir sind manchmal dermaßen überzeugt von [Nachrichten], dass wir sie weitererzählen, als hätten wir es mit unseren eigenen Augen gesehen.«[16] Grund dafür sei die Art, wie unser Gehirn Informationen verarbeitet und abspeichert: Es unterscheidet nicht zwischen Dingen, die wir durch Medien erfahren, und solchen, die uns im echten Leben passieren. Medienberichte können laut Jackson Erinnerungen schaffen und konkrete Glaubenssätze formen – und zwar auf die gleiche Art, wie es persönlich erlebte Erfahrungen tun.[17]

Wenn wir Dutzende Male die gleiche Realität gezeigt bekommen, können wir uns irgendwann einfach nicht mehr vorstellen, dass um sie herum noch etwas anderes existiert. Journalist*innen sind vor dieser Wahrnehmungsfalle nicht geschützt. Im Gegenteil: Weil wir überdurchschnittlich viele Nachrichten konsumieren, glauben wir schnell, dass wir die Welt überdurchschnittlich gut kennen. In vielen Fällen sind es jedoch bloß die immer gleichen Geschichten, die Journalist*innen kennen – und berichten.

In ihrem TED-Talk träumt Adichie von einer neuen Art, Geschichten zu erzählen:

Was wäre, wenn meine Zimmergenossin von der Herzoperation wüsste, die letzte Woche im Krankenhaus von Lagos durchgeführt wurde? Was wäre, wenn meine Zimmergenossin von der Anwältin wüsste, die vor Kurzem in Nigeria vor Gericht zog, um gegen ein lächerliches Gesetz anzugehen, das von Frauen die Zustimmung des Ehemanns erforderte, wenn sie ihren Ausweis verlängern möchten? Was wäre, wenn meine Zimmergenossin von Nollywood wüsste, wo viele innovative Menschen trotz großer technischer Schwierigkeiten Filme machen?[18]

Was wäre, wenn die Geschichten, die wir uns erzählen, mehr als Variationen der immer gleichen Erzählung wären? Was wäre, wenn wir – wenigstens halbwegs – die Fülle an Geschichten, die in der Welt und um uns herum passieren, abbilden könnten?

Warum Nachrichten politisch sind

Was Adichie beschreibt, gilt nicht nur für Romane, Filme und Kurzgeschichten. Es gilt auch für Nachrichten. Unser eigenes Land und die Leute, die darin leben, erscheinen uns vielseitiger und individueller als Menschen aus anderen Ländern, auch weil vielseitiger und individueller über sie berichtet wird als über Menschen aus anderen Ländern. Eine Studie der TU Dortmund hat europaweit Nachrichtentexte zwischen August 2015 und März 2018 ausgewertet, die von Geflüchteten handeln.[19] Nur in acht Prozent aller Artikel waren die Menschen, über die berichtet wurde, als Individuen erkennbar – in 92 Prozent der Berichte wurden sie anonym als Gruppe dargestellt.

Was macht es mit unserer Wahrnehmung, wenn wir manche Menschen beinahe ausschließlich als Gruppe oder »Welle« präsentiert bekommen? Wie sehr können wir dann noch unterscheiden zwischen einzelnen Menschen? Wie sehr gelingt es uns dann noch, uns in ihre Lage hineinzuversetzen? Mehrere Studien haben gezeigt, dass unser Mitgefühl, unser Einfühlungsvermögen und unsere Bereitschaft zu helfen drastisch abnehmen, sobald Menschen in Gruppen statt als Individuen beschrieben werden. Und zwar so deutlich, dass es schon einen Unterschied macht, ob von zwei einzelnen Menschen die Rede ist oder von einem Paar – »The more who die, the less we care«, schreibt ein Studienleiter.[20] Je mehr Menschen sterben, desto weniger interessiert es uns.

Ob wir es wollen oder nicht: Wenn wir von Menschen, die auf dem Weg nach Europa im Mittelmeer ertrinken, immer nur als Gruppe sprechen, wenn wir sie »Geflüchtete« oder »Migrant*innen« nennen und uns nicht immer wieder vor Augen führen, dass es einzelne, konkrete Menschen sind, die auf ihrer Flucht in ein sicheres Leben sterben, dann führt das dazu, dass uns ihr Tod weniger interessiert. Dass wir weniger mitfühlen, weniger protestieren und irgendwann vielleicht sogar akzeptieren, dass es nun mal leider so ist, dass Menschen an den Außengrenzen Europas sterben, verursacht unter anderem durch Gesetze und Beschlüsse deutscher Politiker*innen, deren oberste Handlungsmaxime eigentlich das Grundgesetz sein sollte. Artikel 1: *Die Würde des Menschen ist unantastbar.*

Die Frage, wer in einer Geschichte das Subjekt sein darf, die handelnde Person, das Individuum, ist eine höchst politische Frage, mit höchst politischen Auswirkungen.

Im *Democracy Perception Index*, einer Studie aus dem Jahr 2018, bei der 125.000 Menschen in 50 Ländern befragt wurden, gaben 54 Prozent der Menschen, die in Demokratien leben, an, dass sie das Gefühl haben, ihre Stimme werde nicht oder kaum gehört.[21] (In Deutschland sind es sogar 60 Prozent. Von den 50 Ländern, in denen Menschen befragt wurden, das siebthöchste Ergebnis.)

Die türkisch-britische Autorin Elif Şafak beschreibt die gesellschaftlichen Folgen des Gefühls, keine eigene Stimme zu haben.

Wem eine Stimme verweigert wird, der entfremdet sich langsam, aber systematisch vom eigenen Lebensweg, von seinen Kämpfen und inneren Veränderungen, bis er selbst die subjektivsten Erfahrungen nur noch durch fremde Augen wahrnimmt.[22]

Zum Schweigen gebracht werden sei nicht weniger als ein Angriff auf die eigene Existenz: Etwas in uns stirbt. Und noch etwas passiert, wenn wir das Gefühl haben, systematisch überhört zu werden: wir hören anderen weniger zu. Es »versiegelt zuerst unsere Ohren und dann unsere Herzen. Mit schwindender Bereitschaft, anderen zuzuhören, sorgen wir dafür, dass auch sie sich ungehört fühlen«, schreibt Şafak.[23]

Welche Kraft durch bloßes Zuhören entstehen kann, erlebe ich immer wieder, wenn wir unsere Dokumentarfilme zeigen. Mein Partner und ich waren auf keiner Filmhochschule. Wir haben einfach irgendwann gemerkt, dass es Geschichten gibt, die wir lieber in Bildern statt in Worten erzählen. Vor einigen Jahren haben wir uns entschieden, in unseren Filmen mit wenig szenischen Bildern auszukommen und stattdessen die Protagonist*innen direkt in die Kamera erzählen zu lassen. Als wir dieses Mittel zum ersten Mal benutzt haben, bei unserem Film *True Warriors*, haben alle um uns herum uns davon abgeraten. »Das wird man keine zehn Minuten lang aushalten«, sagte uns einer. »Kein Mensch wird so einen Film schauen«, ein anderer.

Unter Dokumentarfilmer*innen und Nachrichtenjournalist*innen gibt es den Ausdruck der »Talking Heads«, der sprechenden Köpfe. Gemeint sind damit Menschen, die ein Interview geben. Talking Heads, so ist die Regel, sollten niemals Hauptbestandteil eines Films oder eines Nachrichtenbeitrags sein. Als wir uns dazu entschieden, einen Dokumentarfilm zu machen, der zu 95 Prozent aus Interviews besteht, prophezeiten uns also ausnahmslos alle, denen wir davon erzählten, einen unschaubaren Film.

Aber wir waren uns unserer Sache sicher. Anstatt sprechender Köpfe sahen wir: lebendige Gesichter. Menschen, die nicht nur mit Worten, sondern auch mit ihren Augen und Herzen erzählen. Die den Mut haben, sich zu öffnen und sich verletzlich zu zeigen. Die nicht nur teilen, was sie erlebt haben, sondern auch, was sie dabei gefühlt haben. Für uns waren die sprechenden Köpfe Bilder, die mehr erzählen, als jedes szenische Bild es kann.

Wir ließen uns also nicht von unserem Plan abbringen und produzierten den Film so, wie wir es uns vorgestellt hatten. Bei der Premiere – und bei jedem der mehr als 200 Filmgespräche seither – sagten uns Leute, wie gut es getan habe, den Menschen einmal richtig zuzuhören. Viele Zuschauer*innen erzählten uns, dass sie das Gefühl hätten, die Personen wirklich kennengelernt zu haben – und nicht nur einen Film über sie gesehen zu haben.

~

Welche Auswirkungen es hat, wenn wir beginnen, Geschichten neu zu erzählen, beschreibt Rebecca Solnit in ihrem Buch *Whose Story is it?* Klassische Erzählungen werden so umgeschrieben, dass weibliche Figuren im Mittelpunkt stehen und nicht mehr länger nur als belanglose Nebenpersonen am Rande einer Erzählung entlangschlendern. Museen verrücken ihren herkömmlichen Fokus und machen Stimmen Platz, die bisher stumm gehalten worden waren. Straßen und Plätze werden umbenannt und tragen statt Namen von Kolonialherr*innen und Kriegsverbrecher*innen nun Namen von Freiheitskämpfer*innen, Friedensaktivist*innen und Bürgerrechtler*innen. »Doch in den Nachrichten und im politischen

Leben«, schreibt Solnit, »ringen wir immer noch darum, wessen Geschichte es ist, wer zählt und an wen wir unser Mitgefühl und unser Interesse richten sollten.«[24]

Als ich begann, an meinem ersten Roman zu schreiben, dachte ich, die Hauptfigur müsse ein Mann sein – ganz einfach, weil ich bis dahin fast ausschließlich Bücher von männlichen Autoren gelesen hatte. Weil ich nicht gewohnt war, eine Frau als Hauptfigur zu lesen, konnte ich mir nicht vorstellen, sie als Hauptfigur in einen Roman zu schreiben.

Ich könnte sie, so war mein Gedanke, einfach nicht interessant genug darstellen, nicht authentisch genug. Dass ich selbst eine Frau bin und seit fast 30 Jahren die Welt durch den Blick einer Frau gesehen hatte, änderte nichts an meiner Sorge. Die Realität, die ich in zwanzig Jahren und hunderten Männerbüchern aufgesogen hatte, wog stärker: Frauen sind Nebenfiguren. Und sonst nichts.

Ich hatte mich nie bewusst dagegen entschieden, Bücher von Frauen zu lesen. Es war einfach so passiert. In der Schule hatten wir beim Vorbereiten aufs Abi Zauberberg und Faust durchgewälzt, Simone de Beauvoir, Hannah Arendt oder Virginia Woolf tauchten nicht auf. Und auch sonst keine andere Autorin. 16 Jahre später lerne ich mit meinem Neffen für sein Abi. Wieder Faust. »Ich finde das nicht mehr zeitgemäß«, sagt er. »Nicht nur die Sprache – das ganze Weltbild, das dahintersteht.« Nach diesem Gespräch mache ich mir einmal die Mühe, die Lektürevorschläge des aktuell gültigen bayerischen Lehrplans der 12. Klasse fürs Gymnasium in Deutsch anzuschauen. Von 141 Empfehlungen stammen nur 14 von Autorinnen.[25] Die Empfehlungen sind in zehn Kategorien unterteilt. In vier von ihnen tauchen überhaupt keine Frauen auf. Die Empfehlungen für Romanautorinnen sind so rar, dass ich sie hier in einer Zeile auflisten kann:

Herta Müller, Juli Zeh, Andrea Maria Schenkel, Christa Wolf.

Bei Müller, Literaturnobelpreisträgerin aus dem Jahr 2009, wurde der Name falsch geschrieben. Doris Lessing, Elfriede Jelinek, Toni Morrison, allesamt Literaturnobelpreisträgerinnen, werden in den Empfehlungen gar nicht erst genannt. Auch Virginia Woolf, Hannah Arendt und Simone de Beauvoir tauchen, wie schon zu meiner Schulzeit, nicht auf. Die Behandlung literarischer Werke soll zur »Basis für eine differenzierte Weltsicht« werden, heißt es im Lehrplan.[26] Mit solchen Empfehlungen wäre das nicht weniger als ein Wunder.

Und wie sieht es an den Unis aus? Die Literaturbloggerin Katharina Herrmann fand auf einer Leseliste aus ihrem Germanistikstudium unter 216 Autor*innen der deutschen Literatur vom Mittelalter bis zur Gegenwart 18 Frauen. Die Studie #frauenzählen der Universität Rostock fand heraus: Mehr als zwei Drittel der in Medien besprochenen Bücher stammen von Männern.

Als ich merkte, wie absurd es war, dass ich mir sogar in meinem eigenen Buch eine Protagonistin nicht vorstellen konnte, begann ich, gezielt Bücher von Autorinnen zu lesen, und schon nach kurzer Zeit erschien mir die Vorstellung einer weiblichen Hauptfigur ganz natürlich. Das ist die gute Nachricht. Zwar beeinflussen uns Geschichten auf Wegen, die wir nicht kontrollieren können. Aber wir können kontrollieren, *welche* Geschichten wir konsumieren. »So mächtig sie auch sind – ich kann den tradierten Wahrheiten meine Zustimmung, meine Duldung entziehen«, schreibt die Kulturjournalistin und Autorin Şeyda Kurt.

> *Das bedeutet dann zwar nicht, dass ich gänzlich von ihnen frei bin. […] Doch wo ich die Macht der Ordnung durchkreuze, kann ich anderen Menschen ein Angebot machen, gemeinsam nach Wahrheiten zu suchen.*[27]

Egal, ob Filme, Bücher, Nachrichten oder Unterhaltungen: wir können lernen, zu steuern, welche Geschichten wir in unseren Kopf lassen – und welche nicht. Dabei geht es nicht nur um den Inhalt einer Geschichte. Es geht vor allem darum, *wie* sie erzählt wird.

Wir haben ein Problem mit Held*innen

In den meisten Geschichten, die uns umgeben, spielen sie die Hauptrolle, in Blockbustern, Komödien, in Nachrichten, Reportagen und oft genug auch in den Erzählungen, die wir von den Menschen um uns herum hören: Ein Held oder eine Heldin zieht los, um eine ihnen gestellte Aufgabe zu meistern, manchmal alleine, manchmal gemeinsam mit einigen ausgewählten Unterstützer*innen. Zwischendrin gibt es erst Erfolge, dann Misserfolge und unerwartete Herausforderungen. Und na klar, es muss auch ein*e Feind*in bekämpft werden. Warum werden so viele Geschichten nach diesem Muster erzählt?

Das liegt vor allem an einem Buch, das 1949 erschienen ist. Geschrieben hat es ein US-amerikanischer Professor für Literatur, Joseph Campbell. Titel: *Der Heros in tausend Gestalten.* Campbell hatte sich im Laufe seiner Karriere auf Mythologie spezialisiert und in seinem Buch beschreibt er, dass beinahe alle Mythen nach dem gleichen Muster erzählt werden, unabhängig von Kultur, Zeit, Ort und Religion, innerhalb der sie entstanden sind. Dieses Muster nennt Campbell »Heldenreise«.[28]

Eine Heldenreise beginnt damit, dass eine Person mit einem Problem konfrontiert wird und sich auf den Weg macht, um dieses Problem zu lösen. Zuerst trifft sie auf eine*n Mentor*in, welche*r sie zum Aufbruch überredet und zu Beginn der Reise trainiert und unterrichtet. Während dieser Ausbildung wird klar, dass es im Wesentlichen darum gehen wird, eine*n furchteinflößende*n Feind*in zu besiegen. Für diese Aufgabe stehen der Hauptfigur Verbündete zur Seite, letztlich muss sie sich dem Kampf aber alleine stellen. Dabei muss sie sich auch mit ihren eigenen Schwächen und ihrer Vergangenheit auseinandersetzen. Beides kann sie nur hinter sich lassen, indem sie den Feind besiegt, was der Hauptfigur – gemäß Erzählmuster – auch gelingt. Sie erhält eine Belohnung, einen Schatz, ein Schwert, eine wichtige Information. Mit ihr macht sie sich auf den Rückweg, im Glauben, dass sie nun endlich in Sicherheit ist. Doch ihr*e Feind*in taucht überraschend noch einmal auf. Die Hauptfigur muss erneut kämpfen und beweisen, dass sie tatsächlich eine neue Version ihrer selbst geworden ist. Sie gewinnt endgültig – oft mithilfe ihrer erhaltenen Belohnung und oft, indem sie ihre*n Feind*in tötet – und kehrt dann zurück. Im Gepäck das sogenannte »Elixier«: Eine Erfahrung oder Weisheit, die die Hauptfigur an die Menschen in ihrem Umfeld weitergibt.

~

Seit ihrem Entstehen ist die Heldenreise zum Erzählmuster für Reporter*innen, Drehbuchautor*innen, Regisseur*innen, Schriftsteller*innen, Musiker*innen, Werbetexter*innen, Therapeut*innen, Unternehmensberater*innen und Redner*innen der westlichen Welt geworden. Fast überall, wo Menschen lernen, wie sie Geschichten spannend erzählen können, taucht irgendwann auch die Heldenreise auf. Manchmal ist es ein Workshop für Führungskräfte, manchmal eine vierte Klasse Grundschule. Natürlich werden nicht *alle* Geschichten, die wir hören, lesen oder sehen, nach diesem Muster erzählt, aber es sind viele. Sehr, sehr viele. *Matrix, Der Herr der Ringe, Star Wars, Der König der Löwen, Gran Torino, Titanic,*

Shrek, Harry Potter, Spiderman, Avatar, Die unendliche Geschichte, Findet Nemo, Mulan, Die Tribute von Panem oder *Forrest Gump* sind nur einige Beispiele einer Liste, die wir beliebig lange fortsetzen könnten.

Das Problem dabei ist: Das Modell der Heldenreise klammert einen großen – und wichtigen – Aspekt menschlichen Handelns aus: gemeinschaftliches Handeln, bei dem nicht eine Person im Mittelpunkt steht und alle anderen helfen, sondern bei dem viele Personen gemeinsam etwas bewegen. In ihrem Essay *A Hero is a Disaster,* schreibt Rebecca Solnit:

> *Wir sind nicht gut darin, Geschichten darüber zu erzählen, wie hundert Leute gemeinsam etwas bewegen, oder uns klarzumachen, dass die Fähigkeiten, die es braucht, um einen Ort zu bewahren oder die Welt zu verändern, in erster Linie nicht körperlicher Mut und physische Gewalt sind, sondern die Fähigkeit zu koordinieren, zu inspirieren, sich mit vielen anderen Leuten zusammenzutun und Geschichten darüber zu finden, was einmal sein könnte und wie wir dorthin gelangen.*[29]

Solnit erklärt weiter, dass Heldengeschichten nicht nur in Filmen und Nachrichten eine Rolle spielen, sondern auch in der Geschichtsschreibung – sowohl indem einzelne Personen als Held*innen inszeniert und gefeiert werden, als auch wenn einzelne Personen als Antiheld*innen zum hauptsächlichen Grund für gesellschaftlichen Rückschritt erklärt werden. Mit dem alleinigen Fokus auf Trump werde beispielsweise die lange Geschichte rechter Politik verschleiert sowie die Unterstützung durch zahlreiche Politiker*innen bis in die Gegenwart. So wie einzelne Personen in den Vordergrund gestellt würden, würden andere ins Abseits gerückt, in die Rolle passiver Beobachter*innen.

Im politischen System ist dieses Phänomen Alltag: Im Wahlkampf treten prominent die Spitzenkandidat*innen verschiedener Parteien gegeneinander an und Medien berichten über ihre Versäumnisse (gelegentlich auch über Errungenschaften), anstatt die Wahlprogramme oder Ausrichtungen der dahinterstehenden Parteien zu analysieren, die wir ja eigentlich mit unseren Stimmen wählen.

Auf diese Art verschleiern Geschichten von Held*innen unsere Möglichkeiten zu gesellschaftlicher Teilhabe: Wenn uns immer wieder erzählt wird, dass es Aufgabe einzelner Personen ist, drängende Probleme aus der Welt zu schaffen, übersehen wir leicht, dass wir für die meisten Probleme unserer Zeit etwas anderes brauchen als eine*n herbeieilende*n Held*in. Zusammenarbeit zum Beispiel, Verhandlungen, soziale Bewegungen, Proteste, breitflächige Koalitionen verschiedener Aktivist*innenkreise innerhalb unserer Zivilgesellschaft.

Und noch etwas geschieht: Je mehr der Fokus auf einzelnen Personen liegt, desto weniger erkennen wir längerfristige, teils gefährliche Entwicklungen, die innerhalb einer Gesellschaft, einer Partei, eines Ministeriums passieren. Kritisieren wir vor allem Horst Seehofer (der aufgrund seiner politischen Ausfälle unbedingt kritisiert werden muss), übersehen wir leicht, dass das ehemals von Seehofer geführte Bundesinnenministerium auch in den Jahren vor ihm schon an den rechten Rand gerückt war. Unser Fokus auf Held*innen und Antiheld*innen vernebelt den Blick auf das, was um sie herum geschieht, im Guten wie im Schlechten.

Welche Folgen das hat, beschreiben die Aktivist*innen Luisa Neubauer und Alexander Repennin in ihrem Buch *Vom Ende der Klimakrise:*

> *Wir sind es, die gegen ansteigende Klimagraphen kämpfen, die Atmosphäre retten und die Eisbären – und, wie manche meinen, irgendwie überhaupt*

die Umwelt. Zum Kern dringen solche Vorstellungen aber nicht vor. Denn eigentlich geht es vor allem um die Menschen und ihren Umgang mit ihren Lebensgrundlagen.[30]

Auch aus psychologischer Sicht wirkt das Übermaß an Held*innengeschichten zerstörerisch. »Wenn wir von diesen scheinbar großartigen Taten hören, ist es einfach zu denken, dass es sich um Wunder handelt, ausgeführt von Übermenschen, mit denen wir niemals mithalten können«, schreibt Jodie Jackson.[31] Wenn wir hingegen wüssten, dass es eine Gruppe von hundert Menschen war, die eine bestimmte Sache erreicht haben, oder dass es 15 Jahre gedauert habe, anstatt nur wenige Tage, würden wir uns, so Jackson, stark genug fühlen, um selbst aktiv zu werden.[32]

Das Modell der Heldenreise wird Geschichten von gesellschaftlichem Fortschritt nicht gerecht, weil der fast immer das Ergebnis ist von vielen Leuten, die viele Schritte gehen und irgendwann gemeinsam etwas erreichen. Dass einer einzelnen Person diese Art von Durchbruch gelingt, ist die absolute Ausnahme – auch wenn es uns schwerfällt, das zu glauben. Wo es doch überall um uns herum von Held*innen nur so wimmelt.

Was macht es mit unserer Gesellschaft, mit Unternehmen, Parteien, Vereinen und Großfamilien, wenn wir daran gewöhnt sind, ständig und überall nach Held*innen Ausschau zu halten? Welche Chancen und Möglichkeiten entgehen uns? Die Heldenreise vermittelt uns den Eindruck, dass Zustände nicht änderbar sind. So lange bis sich ein*e Held*in auf den Weg macht, um mittels heroischem Kampf die Welt auf den Kopf zu stellen, stecken wir anderen leider fest. Uns bleibt nur, abzuwarten und zu hoffen, dass auch wir eines Tages als Held*innen aufwachen, oder ein*e Held*in sich unserer erbarmt.

Anstatt in unseren Freundes- und Freundinnenkreisen, Communitys und Familien nach Verbündeten und Gleichgesinnten zu suchen, haben wir gelernt, dass wir Konflikte, Kampf und den Sieg über Gegner*innen (im schlimmsten Fall sogar ihren Tod) brauchen, um etwas zum Besseren zu verändern.

Warum harte Gegenüberstellungen beliebt, aber gefährlich sind

Wir haben uns so sehr an den Konflikt zwischen Held*in und Antiheld*in gewöhnt, dass wir bei gesellschaftlichen Fragen fast immer versuchen, verschiedene Standpunkte gegeneinander antreten zu lassen, sogar dann – und das ist das Dramatische daran –, wenn eine der Positionen nachweislich falsch oder faktisch nicht belegbar ist. »False Balance« heißt das Phänomen, wenn Personen mit unterschiedlichem Level an Expertise gleichwertig zitiert werden. Etwa, wenn Klimakrisenzweifler*innen oder Corona-Leugner*innen als Gegenstimmen zu seriösen Wissenschaftler*innen zitiert werden. Aus der Forschung wissen wir inzwischen, dass wir beim Lesen solcher Gegenüberstellungen abspeichern, dass kein wissenschaftlicher Konsens in der jeweiligen Frage besteht. »Wen Medien befragen, wem sie Raum geben, wird als Signal dafür gewertet, dass diese Person etwas Substanzielles zum Thema beigetragen hat«, erklärt die Journalistin Ingrid Brodnig in ihrem Buch *Einspruch*.[33] Ein oft zitierter Ratschlag des Journalismusdozenten Jonathan Foster bringt das Problem auf den Punkt: »Wenn jemand sagt, dass es regnet, und ein anderer, dass es trocken ist, ist es nicht Ihre Aufgabe, beide zu zitieren. Es ist Ihre Aufgabe, aus dem Fenster zu schauen und herauszufinden, was wahr ist.«[34]

Vollkommen unabhängig vom Thema bekommen provokante Meinungen meist deutlich mehr Aufmerksamkeit als solche, die für Einheit, Versöhnung und rationalen Austausch stehen. Zu einfach ist diese Möglichkeit, konfliktreich über ein Thema zu berichten, das genauso gut (meist deutlich besser) entlang einer sachlichen Debatte mit anschaulichen Geschichten erzählt werden könnte. Während des US-amerikanischen Wahlkampfs 2016 haben CNN, NBC, CBS und MSNBC Trump auf Twitter doppelt so oft erwähnt wie Hillary Clinton.[35] Eine andere Studie aus dem englischsprachigen Raum von 2019 zeigt, dass Klimakrisenleugner*innen häufiger in Medien auftauchten als Wissenschaftler*innen.[36]

Auch in Deutschland werden Klimakrisen-Leugner*innen, Querdenker*innen, Islamhasser*innen überproportional häufig interviewt, um Stellung gebeten, porträtiert und zitiert. Laut Medienwissenschaftler Gerhard Vowe wird die AfD beispielsweise stärker in den Medien beachtet, als es »ihrer demoskopischen Stärke« entspricht. Grund dafür sei, dass bei der rechtsextremen[37] Partei die Nachrichtenfaktoren stark vorhanden seien: »Konflikt, Dramatik, Negativität, Überraschung, Nähe.«[38] Die AfD verstehe es, die mediale Aufmerksamkeitsökonomie optimal zu nutzen. So steht in einem Strategiepapier der Partei: »Die AfD muss [...] ganz bewusst und ganz gezielt immer wieder politisch inkorrekt sein, zu klaren Worten greifen und auch vor sorgfältig geplanten Provokationen nicht zurückschrecken.«[39] Eine E-Mail der ehemaligen Fraktionsvorsitzenden Petry zeigt, wie Politiker*innen am rechten Rand die Funktionsweise von Berichterstattung für ihre Zwecke nutzen:

In einer auf Zuspitzungen und Verkürzungen angelegten Medienlandschaft gehen differenzierte und sachlich formulierte Aussagen leicht unter. [...]

Um sich medial Gehör zu verschaffen, sind daher pointierte, teilweise provokante Aussagen unerlässlich. Sie erst räumen uns die notwendige Aufmerksamkeit und das mediale Zeitfenster ein, um uns in Folge sachkundig und ausführlicher darzustellen.[40]

Noch drastischer formulierte es 2016 ein Berater von Donald Trump: »Die wirkliche Opposition sind die Medien, und man wird mit ihnen fertig, indem man den Raum mit Scheiße flutet.«[41]

Von allen Nachteilen im Umgang mit Nachrichtenfaktoren ist dies vielleicht der gefährlichste: Wer Nachrichtenfaktoren kennt, weiß, wie sie sich für eigene Zwecke nutzen lassen.

~

In einigen Fällen – das haben Forscher*innen festgestellt – entstehen Konflikte und hasserfüllte Debatten sogar erst durch diese ungleich verteilte Aufmerksamkeit von Politik und Medien.[42] Indem Journalist*innen provokative Statements und entsprechende Reaktionen veröffentlichen, heizen sie Debatten an und verschärfen ihren Inhalt. Die Politikwissenschaftlerin Natascha Strobl bezeichnet diese Dynamik als *Aufregerproduktionsmaschine:*

*Auf der einen Seite gibt es die kalkulierten wie ideologisch motivierten Politiker*innen, die ihre rechte Weltsicht verbreiten möchten. Auf der anderen Seite stehen Medien, die ihr Geschäftsmodell auf diese Aufreger aufgebaut haben.«*[43] *Die Folge? »Der öffentliche Diskurs verkommt zunehmend zu einer Schlammschlacht.*[44]

Ein Beispiel für diese Dynamik ist die Debatte um den sogenannten »Nazihintergrund« vieler Kulturschaffender, die die*der politische Geograf*in Sinthujan Varatharajah und die Künstlerin und

Forscherin Moshtari Hilal 2021 mit einer Diskussionsrunde auf Instagram angestoßen haben.[45] Varatharajah erklärt den Begriff als:

> *[E]ine Umkehr vom Begriff »Menschen mit Migrationshintergrund«. Wir markieren damit den Teil der Gesellschaft, der sonst ständig und völlig selbstverständlich andere markiert. Das Interesse daran, woher Menschen kommen – was eigentlich das Interesse dafür ausdrückt, was sie sind, wer sie sind und wie sie dort hingelangt sind, wo sie jetzt sind –, ist oft einseitig. Wir wollen diese Rollen und ethnografischen Analysen vertauschen. Die Herkunft von »Menschen mit Nazihintergrund« ist dabei keine rein geografische Frage, sondern eine historische, ökonomische und ideologische, die im Kontext der Geschichte dieses Landes zu verorten ist.*[46]

Das Gespräch der beiden war sachlich, konkret und frei von Aggressionen. Sie riefen nicht zum Boykott, lediglich zu Transparenz auf. Die Philosophin Eva von Redecker beschreibt es als »sanfte, kritische, demokratische Geste«. Von Kritiker*innen sei das Gespräch jedoch als »Attacke« inszeniert worden, »gegen die [angeblich] jedes Mittel gerechtfertigt ist«.[47] »Erst mit der Berichterstattung, zuerst in der *taz*, dann in *SZ*, *FAZ*, *Welt* und der *Preußischen Allgemeinen* wurde die Stimmung polemisch«, erzählt Moshtari Hilal in einem Interview.[48] »Mittlerweile kursieren viele verkürzte und verfälschte Darstellungen unseres Gesprächs. Wir wurden selbst zu Objekten der Debatte.«

Manche Journalist*innen suchen diese Art von konfliktreicher, konfrontativer Darstellung ganz bewusst, andere nutzen sie eher reflexhaft und folgen ihr aus Gewohnheit. So zeigt eine Studie aus Großbritannien, dass Überschriften von Zeitungsartikeln eher betonen, welche Verbrechen zugenommen haben, anstatt zu berichten, dass Verbrechen insgesamt deutlich abgenommen haben. Wir alle kennen das Sprichwort: Only bad news is good news. In vielen Redaktionen kommt als Faustregel noch dazu: If it bleeds, it leads. Wenn es blutet, wird es die Topmeldung.

~

Ich selbst kenne das Gefühl, vor allem Negatives beschreiben zu wollen, aus meinen ersten Jahren als Journalistin. 2012 berichtete ich für die Wochenzeitung *DIE ZEIT* über traumatisierte Veteranen der Bundeswehr. Einen Tag lang verbrachte ich mit Männern, die nach ihren Einsätzen im Kosovo und in Afghanistan so sehr von Erinnerungen verfolgt wurden, dass ihnen ein normaler Alltag nicht mehr möglich war.

Zwei der Männer erzählten mir, dass sie eine Pferdetherapie gemacht und dort gelernt hätten, zu schnauben wie ein Pferd, wenn sie angespannt sind – und dass ihnen das helfe. Sie erzählten, dass sie manchmal zusammen ins Schwimmbad gingen und sich im Wasser so verhielten, als wären sie be_hinderte Menschen. Sie drucksten etwas herum, als sie davon erzählten, aber sie sagten auch, dass es ihnen guttäte, wenn andere sehen könnten, dass nicht mehr alles so funktioniere wie früher.

Abends tranken wir zusammen Whiskey und nach einigen Gläsern sagten zwei der Soldaten, halb drohend, halb als Witz, ich solle den Bericht ordentlich verfassen, sonst gäbe es Ärger. Den genauen Wortlaut erinnere ich nicht mehr, aber sinngemäß sagten sie: Wir sind Soldaten, wir haben Zugang zu Waffen, wir sind traumatisiert. Die Soldaten sagten das im Spaß, ich fühlte mich von ihnen nicht bedroht, weder in diesem Moment noch später, beim Verfassen meines Textes. Und trotzdem beschreibt diese Szene einen Aspekt, der wichtig ist für die Frage, wie wir als Gesellschaft mit traumatisierten Soldat*innen umgehen wollen.

Die Drohung mit Waffen, der verzweifelte Versuch, eine mentale Krise im Schwimmbad sichtbar zu machen, Entspannungsschnauben wie ein Pferd (ich mache das seither selbst, wenn ich angespannt bin) – das waren die ersten Dinge, von denen ich Freund*innen erzählte, wenn sie mich nach meinem Treffen mit den Veteranen fragten. Bis heute habe ich diese Momente vor Augen, als wären sie vor wenigen Tagen passiert, so eindrücklich fand ich sie. In meinem Artikel schrieb ich trotzdem nichts davon. Ich fürchtete, dem Thema damit nicht gerecht zu werden, weil es so »ein ernstes« war. Der Text handelte nicht von Traumatisierungen allein. Er beschrieb vor allem, wie die Bundeswehr ihre Soldat*innen im Stich lässt. In vielen Fällen wurden Traumatisierungen nicht anerkannt oder auf eine schwierige Kindheit geschoben. Die Bundeswehr weigerte sich, Entschädigungen zu zahlen, jahrelange Rechtsstreits verschlimmerten den Zustand der Betroffenen. Obwohl die Problematik im Verteidigungsministerium längst bekannt war, wurde jahrelang fast nichts getan, um die Situation der traumatisierten Soldat*innen zu verbessern. Diesen Missstand wollte ich damals abbilden. Obwohl ich selbst die Szenen so eindrücklich fand, hatte ich Angst, sie könnten das Thema ins Lächerliche ziehen, ihm die Ernsthaftigkeit rauben und in Frage stellen, ob es den Veteranen wirklich so schlecht gehe, wenn sie doch noch lachen und Witze machen können. Heute weiß ich, dass Humor eines der besten Mittel ist, um Informationen zu vermitteln. Und ich weiß, dass ein Missstand nicht weniger ungerecht wird, wenn die Geschädigten Wege kennen, ihre eigene Situation zu verbessern.

Ein anderer Moment, der nicht in meinem Text landete, war das Gespräch mit einem Soldaten, der fürchtete, im Auslandseinsatz ein Kind angeschossen zu haben. Kurz nachdem er abgedrückt habe, sei es im Visier erschienen. Nach dem Schuss habe er es nirgends gesehen. Jahrelang habe er versucht, rauszufinden, was damals passiert ist, ohne Ergebnis. Er frage sich, ob er das Kind tatsächlich im Visier gesehen habe, oder ob er sich das alles nur jetzt, im Nachhinein, einbilde. Während er mir davon erzählte, kam immer wieder seine kleine Tochter ins Zimmer. Jedes Mal schaltete er in Sekundenschnelle um, unterbrach seine stockenden Erzählungen, um liebevoll, mit strahlendem Lächeln ein paar Worte mit seiner Tochter zu wechseln. Auch diese Szene beschrieb ich nicht in meinem Text. Der ehemalige Soldat kam mir stark vor in diesem Moment, einfühlsam und verantwortungsbewusst. Ich dachte damals, das passt nicht ins Bild eines Menschen, der traumatisiert ist.

Für die Recherche zu diesem Buch habe ich meinen Text von damals noch einmal gelesen. Nichts, was ich geschrieben habe, ist falsch. Aus politischer Sicht habe ich das Problem umfassend beschrieben. Aber weil ich ausschließlich die Schwierigkeiten der Veteranen beschrieben habe, das, womit sie kämpfen, kommt mir ihre Darstellung heute einseitig vor:

> *Immer wieder verliert er die Kontrolle über seinen Körper und wird komplett bewegungsunfähig. Sein Puls schnellt hoch, der Blutdruck steigt. Hitze erträgt er nicht, ebenso wenig Menschenansammlungen: keine U-Bahn, kein Kino, kein Restaurant, kein Schwimmbad, keine Einkaufsstraßen, keine Innenstadt. In den Supermarkt wagt er sich nur, wenn es unbedingt nötig ist. »Nach zehn Minuten bin ich leer. Das ist wie mit 'nem Handy, wo der Akku piept, und dann geht's aus.«*[49]

Wie können wir der Negativ-Schleife entkommen?

Noch eine Dynamik ist wichtig zu verstehen: Nachrichten beschreiben in der Regel Ereignisse, die innerhalb eines bestimmten Zeitraums passieren, meistens innerhalb eines Tages. Die meisten Ereignisse, die wir als gesellschaftlichen Fortschritt bezeichnen würden, sind jedoch langwierige Prozesse. Sie brauchen Zeit. Sie bringen gemächlich langsame, beinahe unbemerkte Veränderungen mit sich und erreichen selten einen Punkt, an dem sie eindeutig abgeschlossen sind. Für Nachrichten gilt das Gleiche wie für Entwicklungen in unserem eigenen Leben: Wenn etwas Schlimmes passiert, merken wir es von jetzt auf gleich. Besserungsprozesse hingegen sind eher schleichend und unauffällig. Es braucht länger, ein Haus zu bauen, als es abzureißen, und es braucht länger, einen Krieg zu beenden, als ihn zu beginnen.

»Berichte über langsame, allmähliche Verbesserungen schaffen es nur selten auf die Titelseiten, selbst wenn sie eine große Tragweite haben und Millionen Menschen betreffen«, schreibt der schwedische Forscher Hans Rosling in seinem Buch *Factfulness.*[50] Positive Entwicklungen lassen sich seltener als negative an einzelnen Momenten festhalten. Wir finden sie in Statistiken, Langzeitbeobachtungen, historischen Trends. Und die sind nicht halb so emotional, so spannend und so berührend wie einzelne dramatische Events – erst recht nicht, wenn Medienmacher*innen darauf angewiesen sind, ihre Geschichten in Bildern zu erzählen.

Aus der Forschung wissen wir, dass wir Tatsachen für glaubwürdiger halten, wenn wir sie zusammen mit Bildern präsentiert bekommen.[51] Wenn wir also jede Woche einen Bericht über eine grausame Gewalttat sehen, wird uns eine Statistik, die wir einmal im Jahr zu lesen bekommen, nicht davon überzeugen, dass die Kriminalitätsrate sinkt, selbst wenn die Statistik exakt diese Wirklichkeit beschreibt. Ein Wissenschaftler der Universität Oxford schlug auf Twitter folgende Schlagzeile vor: »Zahl derjenigen, die in extremer Armut leben, seit gestern um 137.000 gesunken – und zwar jeden einzelnen Tag in den letzten 25 Jahren.«[52] Einige Zeitungen, darunter die *New York Times* und der *Economist*, zitierten den Tweet in längeren Texten. Als Schlagzeile landete er, natürlich, nirgendwo.

Bilder von menschlichen Schicksalen sind einprägsamer als Studien und Zahlen. Egal, wie sehr wir uns bemühen, beides rational zu betrachten, es wird uns schwerfallen, am Ende abzuspeichern, dass die Dinge sich zum Guten hin entwickeln. 52 emotional aufgeladene Nachrichten gegen eine sachlich und knapp erzählte: Selbst wenn der Fortschritt schon da ist – oft genug dringt er nicht zu uns durch. Studien haben gezeigt, dass Menschen, die lokale Nachrichten verfolgen, ihre Stadt für gefährlicher halten als solche, die es nicht tun.[53]

Wie beeinflusst es, wen wir wählen, wenn wir glauben, dass die Kriminalitätsrate steigt, während sie in Wirklichkeit gesunken ist? Welche Gesetze und Sicherheitsmaßnahmen halten wir für nötig? Wie sehr verändern wir den Radius unserer eigenen Bewegungen? Und den unserer Kinder?

Jede Geschichte verändert unseren Blick auf die Welt. Meistens passiert das unbewusst und natürlich entscheidet nicht eine einzelne Geschichte darüber, wie wir unser Leben führen. Doch mit der Zeit bilden sich Glaubenssätze. Glaubenssätze bestimmen unsere Weltsicht ganz wesentlich. Sie prägen unsere Entscheidungen und beeinflussen unser Handeln. Glaubenssätze können positiv oder negativ sein. »Die Welt ist ungerecht!« ist so ein Glaubenssatz. »Alle denken nur an sich.« Oder: »Wenn ich etwas wirklich will, dann schaffe ich es.« Glaubenssätze werden oft zu sich selbst erfüllenden Prophezeiungen. Weil wir an sie glauben, sehen wir sie bestätigt und glauben immer stärker daran, dass sie unsere Welt treffend beschreiben. Aber: Glaubenssätze lassen sich ändern. Genau so wie sich die Geschichten ändern lassen, die wir einander erzählen.

~

Nachrichtenfaktoren, Held*innengeschichten, die Priorisierung von kurzfristigen Ereignissen über langfristige Entwicklungen: Wenn wir uns zu sehr an diese Regeln halten, entsprechen unsere Geschichten nicht der tatsächlichen Realität – selbst wenn sie gut recherchierte Fakten und ausschließlich Wahres beschreiben. Selbst wenn sie keine einzige falsche Information enthalten.

Das alles ist keine große Verschwörung. Es ist nichts, was einmal beschlossen wurde und seither von großen und kleinen Medienhäusern durchgezogen wird. Es ist auch keine heimliche Übereinkunft von Politiker*innen und Journalist*innen, mit dem Ziel, Bürger*innen und Wähler*innen kleinzuhalten. Es ist einfach eine Dynamik, die entstanden ist, bei dem Versuch, Geschichten so zu erzählen, dass sie packend sind. Dass möglichst viele Leute sich für sie interessieren. Dass möglichst viele Leute sie hören, lesen oder sehen wollen. Müssen wir Geschichten also in Zukunft langweiliger erzählen? Zum Glück nicht. Aber dazu später.

Nachrichten und ihre Strukturen auseinanderzuklamüsern ist nicht der Versuch, auf »die Medien« zu zeigen und zu sagen: Ha! Ihr seid schuld! Ihr seid diejenigen, die alles kaputt machen. Zum einen soll es hier nicht um Schuld gehen. Zum anderen gibt es viele Journalist*innen, die diese Mechanismen und Reflexe bereits erkannt haben und deshalb alles tun, um ihre eigenen Berichte anders zu gestalten. Auch manche Politiker*innen versuchen neue Wege einzuschlagen, in der Debattenkultur genauso wie im Wahlkampf. Und wie schon gesagt: Wir alle erzählen Geschichten. Wir alle benutzen dabei Muster, die einseitig sind.

Es ist auch nicht der Versuch, möglichst viele Menschen davon zu überzeugen, dass Nachrichten unwichtig und ungesund sind und wir uns deshalb von ihnen abwenden sollten. Im Gegenteil: Wenn Sie zu denjenigen gehören, die aufgehört haben, Nachrichten zu konsumieren, kann Ihnen dieses Buch helfen, einen neuen Umgang mit Nachrichten zu finden. Wenn Sie Nachrichten gerne konsumieren, werden Sie das auch noch tun, nachdem Sie dieses Buch zu Ende gelesen haben.

Ausschließlich negative Erzählungen zu boykottieren bedeutet nicht, auf politisch relevante Themen verzichten zu müssen. Wie wir uns nach einer Geschichte fühlen, hängt nicht davon ab, *wovon* die Geschichte erzählt, sondern *wie* sie erzählt wird.

Deshalb ist wichtig zu verstehen, was Nachrichten sind. Und was sie nicht sind: ein akkurates Abbild unserer Welt, unseres Kontinents, unseres Landes, unserer Nachbarschaft, oder auch nur eines einzelnen Tages darin.

Vielleicht können wir sie eher wie eine Art Fehlerbericht verstehen. Nachrichten zeigen uns – mit wenigen Ausnahmen –, was an einem Tag schiefgelaufen ist. Noch dazu ist dieser Fehlerbericht in den letzten Jahrzehnten immer »besser« geworden, ausführlicher, ständiger. Zum menschlichen Fortschritt gehört auch, dass heute wesentlich umfassender über Ungerechtigkeiten berichtet wird als noch vor einigen Jahrzehnten. In unseren Gehirnen kommt diese Tatsache jedoch als Rückschritt an: die Welt wird immer schlimmer – und wir sehen es, mit unseren eigenen Augen.

Stellen wir uns einmal vor, wir würden einen Tag lang alles festhalten, was schiefgeht: Bus verpasst, im Stau gestanden, Finger verbrannt. Jedes Missgeschick, jeden Fehler, alles Schlechte würden wir aufschreiben, aus unserem eigenen Leben und von dem, was andere uns erzählen. Abends vor dem Einschlafen würden wir unseren Fehlerbericht noch einmal in Ruhe durchlesen. Hätten wir den Eindruck, dass er unsere letzten 24 Stunden treffend beschreibt?

Fehlerberichte sind wichtig, es ist wichtig, sie zu erstellen, und es ist wichtig, sie zu lesen. Aber wenn wir uns ein umfängliches Bild machen wollen, sollten wir mehr tun, als *nur* die Fehlerberichte zu lesen. Wir sollten auch auf das schauen, was gut funktioniert, und darauf, was wir tun können, um unseren Fehlerbericht nicht immer länger werden zu lassen. Darauf, was andere tun, deren Fehlerbericht kürzer ist als unserer.

Wenn wir immer nur den Fehlerbericht lesen, wie sollen wir dann motiviert bleiben? Uns gut fühlen? Dazulernen?

- Welche Glaubenssätze könnten durch Geschichten und Nachrichten, die Sie heute konsumiert haben, entstanden oder bekräftigt worden sein? Welche dieser Sätze stehen Ihnen im Weg? Welche tun Ihnen gut? Je mehr Sie Ihre Glaubenssätze kennen und durchschauen lernen, desto bessere Entscheidungen treffen Sie.

- Bevor Sie das nächste Mal Nachrichten konsumieren, machen Sie sich bewusst, dass das, was Sie gleich sehen werden, ein Fehlerbericht ist. Versuchen Sie die Nachrichten als solchen wahrzunehmen und beobachten Sie, was es mit Ihnen macht. Haben Sie die Meldungen anders gehört als sonst? Fühlen Sie sich mehr oder weniger ohnmächtig als üblich? Was hat sich verändert?

- Achten Sie auf Held*innengeschichten in Ihrem Umfeld. Wie wären die Geschichten verlaufen, wenn sie ohne Gegner*innen und strahlende Einzelkämpfer*innen hätten auskommen müssen? Versuchen Sie einen Tag lang, bei dem, was Sie erzählen, auf Ihre »Gegner*innen« zu verzichten. Beschreiben Sie nicht, wer etwas falsch gemacht hat, sondern was sich verbessern müsste. Achten Sie darauf, wie sich Ihre Geschichten verändern. Denken Sie dabei auch an Geschichten, die Sie sich selbst erzählen.

Another world is not only possible,
she is on her way.
On a quiet day,
I can hear her breathing.

ARUNDHATI ROY

DREI:
WIE WIR GELERNT HABEN, UNS HILFLOS ZU FÜHLEN – UND WIE WIR ES ENTLERNEN KÖNNEN

Stellen Sie sich vor, Sie wollen einem Kind beibringen, wie es sich selbst die Schuhe binden kann. Doch anstatt ihm zu zeigen, wie es funktioniert, zeigen Sie ihm alle Wege, wie es nicht funktioniert. Wie es nicht geht, einen Knoten zu machen. Wie es nicht klappt, eine Schleife zu ziehen. Weil Sie ein*e gute*r Lehrer*in sein wollen und weil es Ihnen wirklich wichtig ist, dass das Kind in Zukunft seine Schuhe alleine binden kann, nehmen Sie sich Zeit: Eine Stunde lang erklären Sie alle Arten, auf die es seine Schuhe nicht binden soll. Zusätzlich klären Sie das Kind auf über all die Dinge, die schiefgehen können: Dass der Knoten nicht fest genug sein könnte, die Schleife zu locker, dass es über ein offenes Schuhband stolpern, sich dabei das Bein brechen und im Krankenhaus landen könnte. Deshalb, das betonen Sie, sei es wirklich wichtig, seine Schuhe immer und ohne Ausnahme richtig zu binden. Wie das geht, sagen Sie dem Kind nicht. Das soll es ruhig alleine rausfinden – schließlich haben Sie ihm ja alle Varianten erklärt, wie es nicht funktioniert.

Tatsächlich lernt das Kind aber etwas anderes: Es lernt, dass Schuhe binden ein nahezu unmögliches Unterfangen ist. Dass überall die Gefahr lauert, etwas falsch zu machen. Dass es ein Genie braucht, um den richtigen Weg zu finden, wie aus einem Schnürsenkel ein Knoten mit Schleife wird. Die Folge? Das Kind fühlt sich überfordert und hilflos. Nicht, weil es das tatsächlich ist, sondern weil ihm die Fakten rund ums Schuhebinden auf eine ganz bestimmte Art und Weise präsentiert worden sind. Anstatt »Schuhe binden« hat das Kind »Hilflosigkeit« gelernt.

Vielleicht geht es Ihnen bei diesem Gedankenexperiment wie mir: Es erscheint Ihnen so absurd, dass Sie es sich kaum richtig vorstellen können. Natürlich würde niemand auf diese Weise versuchen, einem Kind etwas beizubringen. Und das ist auch gut so. Die meisten Nachrichten, Reportagen, Filme, Bücher und auch Geschichten, die wir uns gegenseitig erzählen, tun jedoch genau das: Sie fokussieren auf das Negative, auf das, was nicht funktioniert. Wenn wir jeden Tag aufs Neue nur den Fehlerbericht der Welt um uns herum präsentiert bekommen – und nicht auch Lösungen und Gebrauchsanleitungen –, fangen wir irgendwann an zu glauben, dass wir hilflos sind. Dass Zustände nicht änderbar sind und wir nicht mal die Macht haben, eine schreckliche Situation in eine nicht mehr ganz so schreckliche Situation zu verändern. Geschweige denn das Problem komplett zu lösen.

Wie sollen wir lernen, als Gesellschaft und als einzelne Menschen weiterzukommen, wenn uns nicht nur positive Vorbilder fehlen, sondern oft genug auch die Gebrauchsanleitung?

Im Geschichtsunterricht lernen wir mehr darüber, wie Kriege beginnen und verlaufen, als darüber, wie Frieden und Versöhnung gelingen, oder wie politischer Widerstand es schaffen kann, ein diktatorisches System zu stürzen. Wir hören in den Medien von psychischen Krankheiten und ihren Auswirkungen, aber nicht, wie wir mit ihnen umgehen können, welche Möglichkeiten zur Selbsthilfe bestehen und wie wir Menschen unterstützen können, wenn ihnen die Welt auf die Füße fällt. Wir lesen über die Folgen der Klimakrise und wie wenig Politiker*innen unternehmen, um sie abzuwenden oder wenigstens abzufedern. Aber wir lesen kaum etwas über wirksame Gesetze und Richtlinien, die Politiker*innen in anderen Ländern bereits in Kraft gesetzt haben und die ein Beispiel sein könnten für die Regierung unseres eigenen Landes. Wir lesen kaum etwas darüber, welche Fortschritte in der Vergangenheit bereits erreicht wurden, wie unerreichbar sie gewirkt hatten und für wie unwahrscheinlich die Leute ihr Eintreten gehalten haben.

Wir sagen, als Sprichwort: Aus Fehlern lernt man. Aber wenn wir nur aus Fehlern lernen – und sonst aus nichts –, ist das die denkbar langsamste, mühsamste und ineffizienteste Art, uns neues Wissen anzueignen und neues Handeln zu trainieren.

Wie können wir der Negativ-Schleife entkommen? Indem wir anfangen, neue Geschichten zu erzählen. Indem wir anfangen, neue Debatten zu führen. Dazu müssen wir nicht Journalist*in, Schriftsteller*in oder Autor*in sein. Wir alle erzählen Geschichten, jeden Tag. Jede*r von uns hat ein anderes Publikum, aber wir alle haben Menschen um uns herum, die uns zuhören und die wir prägen mit dem, was wir erzählen. Wir können beeinflussen, wie sie sich fühlen, wie sie ihre Umwelt wahrnehmen und sich selbst. Wie sie auf Stress reagieren und wie sie mit Krisen und Rückschlägen in ihrem Leben umgehen. Wie dieser Einfluss aussieht, ob positiv oder negativ, ob verunsichernd oder ermutigend, ob bremsend oder aktivierend, das liegt in unserer Hand. Noch mehr: in unserer Verantwortung.

~

In fast allen Lebensbereichen kommt es uns vollkommen absurd vor, unser Wissen aus hauptsächlich negativ formulierten Anweisungen zu beziehen. Ein Kochrezept ausprobieren, eine Sprache lernen, Auto fahren, Handstand üben, Kampfsport trainieren, Stricken oder Schreinern: Nirgendwo kämen wir auf den Gedanken, dass es eine gute Idee sein könnte, etwas zu lernen, indem wir lernen, was nicht funktioniert. Nur wenn es um unsere Gesellschaft geht, um Politik und um unsere Sicht auf die Welt, vertrauen wir auf Fehler, Fehler, nochmals Fehler. Die Folgen sind fatal.

Eine Konsequenz aus dem Konsum hauptsächlich negativer Nachrichten ist, dass wir Missstände als unveränderlich betrachten und nicht als temporäre, änderbare Zustände. Irgendwann stecken wir in einem Zustand gelernter Hilflosigkeit fest: Wir haben das Gefühl, dass wir nichts ändern können – nicht, weil das so ist, sondern weil wir es so beigebracht bekommen haben. Das gilt selbst in solchen Momenten, in denen wir eigentlich durchaus in der Lage wären, unsere Situation (oder die von anderen) zu verbessern: Statt uns für Veränderungen einzusetzen, bleiben wir passiv.

Wir wenden uns ab von Medien, und was noch folgenreicher ist, von gesellschaftlichen Problemen allgemein. Anstatt uns zu engagieren und uns gegen Missstände aufzulehnen, werden wir immer apathischer, je drastischer über sie berichtet wird. Wenn sowieso alles den Bach runtergeht, warum noch dafür kämpfen, dass sich die Dinge ändern?

Ursprünglich stammt der Begriff der erlernten Hilflosigkeit aus der Psychologie. Vor mehr als fünfzig Jahren forschte Martin Seligman zu Ursachen von Depressionen. Dabei fand er heraus, dass Hunde auch dann bestimmte Bereiche eines Raums nicht betreten, wenn die Gefahr, der sie dort begegnet waren, schon nicht mehr da war. Sie hatten gelernt, dass sie der Gefahr wehrlos ausgesetzt sind, und fühlten sich auch dann noch hilflos, als sie es schon längst nicht mehr waren. So ähnlich ergeht es uns Menschen heute: Wenn wir ständig gezeigt bekommen, dass die Welt schlecht ist und wir daran nichts ändern können, dann glauben wir es irgendwann auch.

Hilflosigkeit ist ansteckend. Wenn wir selbst nicht sehen, dass wir Dinge verändern können, bestärken wir auch die Menschen um uns herum in dem Gefühl, einer Situation ohnmächtig ausgeliefert zu sein. Die Psychologin Jodie Jackson vergleicht Hilflosigkeit mit einem Virus, den wir uns einfangen können, »einfach nur, indem wir mitbekommen, wie andere die Kontrolle verlieren«.[54]

Das Gefühl, keinen Einfluss mehr darauf zu haben, wie sich unsere Gesellschaft verändert, spiegelt sich in Politikverdrossenheit und einem weit verbreiteten Misstrauen gegenüber Medien wider, und darin, dass viele Menschen innerlich längst aufgegeben haben, über eine Zukunft nachzudenken, die ihnen wünschenswert erscheint. »Eine der wichtigsten Ursachen für die Herausforderungen unserer heutigen Welt ist der Glaube, dass Veränderung unmöglich ist«,[55] schreibt die Psychologin Michelle Gielan. »Natürlich stimmt es, dass es Millionen Dinge gibt, die wir nicht kontrollieren können, aber die Probleme beginnen, wenn wir denken, dass *alle* Dinge außer Kontrolle geraten sind.«[56]

Schon eine Viertelstunde Medienkonsum kann ausreichen, um den eigenen Blick auf die Welt grundlegend zu verschlechtern, wie die Wissenschaftler*innen Wendy Johnston und Graham Davey anhand von 14-minütigen TV-Clips zeigten. Bei den Teilnehmenden, die negative Nachrichten zu sehen bekamen, stieg nicht nur das Level an Angst über den Zustand der Welt. Auch die Sorgen über ihr jeweils eigenes Leben nahmen deutlich zu.[57]

Zu glauben, dass wir keinen Einfluss auf unsere Zukunft haben, dass wir Missständen hilflos ausgeliefert sind und nichts an ihnen ändern können, macht uns Angst – nicht nur vor der Welt »da draußen«, also vor den Dingen, die wir aus den Nachrichten erfahren, sondern auch vor der Welt »hier drinnen«: Die Dinge, die in unseren Familien, unseren Freund*innenkreisen, unseren Jobs, unseren Communitys und in unserem Zuhause passieren.

Noch dazu tendieren wir in Momenten der Angst dazu, immer mehr beängstigende Informationen zu sammeln. Viele von uns erleben diese Dynamik, wenn wir Krankheitssymptome googeln. Wir starten bei einer leichten Grippe oder einem Magen-Darm-Virus und landen bei ersten Anzeichen von Krebs, Herzinfarkt oder anderen potenziell tödlichen Erkrankungen. Richtig bewusst habe ich selbst solche Momente in Kabul erlebt, wenn ich nach einem Anschlag immer mehr und immer mehr Nachrichten gelesen habe, so lange bis ich irgendwann dachte, die ganze Stadt steht unter Beschuss. In solchen Momenten hat damals nur eines geholfen: Handy und Computer ausschalten, an die frische Luft gehen, die echte Welt sehen und wieder einmal merken, dass die Dinge in meinem Kopf gefährlicher geworden sind als die Dinge um mich herum. Spätestens seit wir dazu gezwungen sind, mit einer Pandemie zu leben, kennen wir alle dieses Phänomen der Angst-Nachrichten-noch-mehr-Angst-noch-mehr-Nachrichten-noch-viel-mehr-Angst-Spirale.

Die Autorin Elif Şafak spricht von einer »Epoche ansteckender Angst« und einer »große[n] und zunehmende[n] Sorge über den Zustand der Welt und unseren Platz darin«.[58] Sie unterscheidet zwischen Angst und Furcht. Furcht beschreibe ein Gefühl im Zusammenhang mit einer konkreten Gefahr, einem Gegner, einem Ereignis. Angst sei subtiler, breite sich aus und sei schwerer zu fassen. Es sei, schreibt Şafak, als würden wir uns ganz grundsätzlich davor fürchten, überhaupt auf der Welt zu sein. Als hätten wir uns selbst verloren. Möglicherweise ohne es überhaupt zu merken. Aus gelernter Hilflosigkeit, Angst und Erschöpfung entstünde schließlich ein weiteres Gefühl: Apathie. Şafak betont die Gefahr, die von diesem Gefühl ausgeht:

> *Damit es blitzschnell und in großem Umfang zu barbarischer Gewalt kommt, müssen nicht unbedingt mehr Menschen unmoralisch oder böse werden, es genügt, wenn eine ausreichend große Zahl abstumpft. Menschen, die gleichgültig, voneinander isoliert, gewissermaßen atomisiert und zu sehr mit ihrem eigenen Leben beschäftigt sind, als dass sie sich um andere sorgen würden. Menschen, die das Leid anderer weder interessiert noch anrührt. Der Mangel an Gefühl ist das gefährlichste Gefühl von allen.*[59]

Warum wir uns verändern müssen

Je apathischer und desinteressierter wir werden, desto schlechter funktioniert unser demokratisches System. Weil wir glauben, dass unsere Teilhabe ohnehin nichts bewirkt, ziehen wir uns zurück und überlassen anderen die Bühne.

Was heißt das für uns? Wenn wir unsere Gesellschaft verändern wollen, müssen wir die Geschichten verändern, die wir uns in dieser Gesellschaft erzählen. Die Geschichten, die wir uns über diese Gesellschaft erzählen.

Das Buch von Şafak heißt im englischen Original *How to stay sane in an age of division* und es wurde im Sommer 2020 veröffentlicht. Doch das Grundproblem, das sie darin beschreibt, ist kein neues: Schon 1977 stellte eine Studie fest, dass 71,4 Prozent aller TV-Nachrichten Hilflosigkeit zeigen.[60] Bereits vor einigen Jahren kritisierte Papst Franziskus ausschließlich negative Berichterstattung.[61] 2020 schrieb er: »Wir merken schon gar nicht mehr, wie sehr wir nach

Klatsch und Tratsch gieren, wie viel Gewalt und Falschheit wir konsumieren.«[62] Der Dalai Lama warnte, ein zu starker Fokus der Medien auf Tod und Gewalt könne zu Verzweiflung führen.[63] Und auch zahlreiche Konsument*innen haben gemerkt, dass Nachrichten zerstörerisch auf sie wirken. Eine Studie der Universität Oxford hat 2017 die Gründe erforscht, warum Menschen aufhören, Nachrichten zu konsumieren. 48 Prozent der Befragten gaben als Grund an: »Es kann sich negativ auf meine Stimmung auswirken.«[64] 28 Prozent der Befragten gaben an: »Ich habe nicht das Gefühl, dass ich etwas daran ändern kann.«[65]

Eine Umfrage der BBC bei Zuschauer*innen im digitalen Raum zeigte, dass 64 Prozent der unter 35-Jährigen sich lösungsorientierte Nachrichten wünschen.[66] In die gleiche Richtung zeigt eine dänische Umfrage aus dem Jahr 2011. 75 Prozent der TV-Zuschauer*innen sagten, sie seien es müde, Politiker*innen beim Streiten zuzuschauen. 50 Prozent sagten, Nachrichten fokussierten zu sehr auf Konflikte. Und 83 Prozent sagten, sie würden gern mehr Geschichten sehen, die Lösungen zeigen für die drängenden Herausforderungen, im eigenen Land und im Rest der Welt.[67] In einer Studie des Bayerischen Rundfunks gaben 76 Prozent der Befragten an, Medien würden zu viel über Probleme berichten, zu wenig über Lösungen.[68]

Wissenschaftler*innen der Universität Pennsylvania fanden heraus, dass es nur wenige Minuten braucht, um die Stimmung einer Person von neutral zu negativ zu verändern, und zwar ausschließlich mit Medienberichten.[69]

Bei einer anderen Studie manipulierten Wissenschaftler*innen der Cornell Universität eine Reihe von Posts auf Facebook. Diejenigen Menschen, die mehr positive Nachrichten in ihrer Timeline hatten, posteten selbst eher positiv. Diejenigen, die überwiegend negative Posts in ihrer Timeline hatten, posteten selbst negative. Bei der Studie wurden Daten von mehr als 689.000 Menschen ausgewertet.[70]

Nehmen wir uns einen Moment Zeit, um uns klarzumachen, was das bedeutet: allein indem wir einen konstruktiven Beitrag in sozialen Medien teilen, können wir andere Menschen dazu bringen, ebenfalls etwas Konstruktives zu teilen – sogar dann, wenn wir sie gar nicht kennen. Umgekehrt natürlich auch. Das Gleiche gilt für Kommentare, die wir in sozialen Medien schreiben: Wissenschaftler*innen des Institute for Social Research fanden heraus, dass Menschen nach dem Konsum negativer Nachrichten eher negative Kommentare posteten, nach dem Konsum positiver Nachrichten eher positive.[71]

~

Kurz bevor ich begonnen habe, dieses Buch zu schreiben, hat mir ein Freund eine Geschichte erzählt, die mir beim Lesen dieser Studien wieder in den Sinn kam. Der Freund war mehrere Wochen lang immer wieder an einem Innenhof vorbeigekommen – er hatte in einer nahegelegenen Garage sein Motorrad geparkt. Jedes Mal hatte er sich darüber gefreut, wie sorgfältig der Innenhof gepflegt war, wie schön die Blumen darin gepflanzt und gestutzt waren. Eines Tages sah er den Lieferwagen der Firma, die sich um den Hof kümmerte. Er beschloss, eine E-Mail zu schreiben und sich für ihre Arbeit zu bedanken. »Ich dachte mir, wir müssen ja nicht immer nur Feedback geben, wenn etwas nicht stimmt«, sagte der Freund, als er mir die Geschichte erzählte. Er schrieb also ein paar Zeilen, erzählte, wie sehr er sich jedes Mal über den Anblick des Innenhofs freue, schickte die Nachricht ab und dachte nicht weiter daran. Einige Wochen später, als er wieder einmal auf dem Weg zur Garage war, sprach ihn der Gärtner im Innenhof an. Ob er derjenige sei, der eine Nachricht an das Unternehmen geschickt habe? Dann erzählte er, dass seine Chefs ihm die Nachricht weitergeleitet und sie als Ausdruck in seine Personalakte abgeheftet hatten, wo sie seither die Qualität seiner Arbeit bezeugt.

Denken wir daran, wie weit schon eine einzelne positive Bemerkung reisen kann, wenn wir das nächste Mal eine E-Mail schreiben oder etwas in den sozialen Medien posten; dass sie Menschen beeinflussen kann, die wir noch nie getroffen haben, und deren Leben konkret, vielleicht sogar langfristig, zum Besseren verändern kann.

Gefühle – egal, ob positiv oder negativ – sind ansteckend. Wie wir uns fühlen, beeinflusst nicht nur uns selbst und unseren Blick auf die Welt. Es beeinflusst auch die Weltsicht der Menschen um uns herum. »Wir sind darauf getrimmt, mit anderen Menschen mitzufühlen, und absorbieren deshalb häufig ihre Gefühle«, schreibt Gielan.[72] Stress und Negativität könnten sich sogar dann verbreiten, wenn die betroffene Person kein Wort von sich gebe. Unser Gehirn könne nonverbale Signale und Gesichtsausdrücke auf Mikro-Ebene entschlüsseln, die wiederum beeinflussen, wie wir die Welt wahrnehmen. Grund dafür sei, dass wir als soziale Wesen dazu veranlagt sind, uns einer Gruppe anzupassen.

Die bloße Tatsache, dass andere sich auf eine bestimmte Art verhalten, macht es für uns also reizvoll, uns ihnen anzupassen. Wir können es Inspiration, Gruppenzwang oder Massenpanik nennen – der Vorgang ist jeweils der gleiche: Unbewusst passt sich unsere Stimmung den Menschen an, die wir um uns haben. Wir sorgen uns, wenn wir sehen, dass sich andere Menschen Sorgen machen. Wir sind gestresst, wenn Menschen um uns herum sich gestresst fühlen.

Gielan warnt deshalb: »Wenn wir uns die Negativität um uns nicht bewusst machen, werden wir leicht zu einem Schwamm und saugen das Toxische der anderen Menschen auf.«[73]

Wir müssen Menschen nicht gleich aus unserem Leben schmeißen, nur weil sie eine negative Sicht auf die Welt haben. Aber genauso wie wir darauf achten können, welche Art von Nachrichten uns guttun und welche nicht, können wir uns fragen, welche Art von Gesprächen uns guttun und bei welchen wir uns eigentlich lieber in die am weitesten entfernte Ecke verkriechen möchten.

Die Psychologin Jodie Jackson hat diese Art der Auswahl – bei Gesprächen und bei Nachrichten – mit bewusster Ernährung verglichen. So wie wir darauf achten, was wir essen, und uns Gedanken darüber machen, was für unseren Körper gut ist und was nicht, können wir auch bei den Geschichten, die wir konsumieren, darauf achten, was sie mit unserer mentalen Gesundheit tun. Ausschließlich negative Nachrichten beschreibt Jackson in ihrem Buch *You are what you read* als Junk Food. Genauso wenig wie es gesund sei, uns ausschließlich von Pommes, Pizza und Cola zu ernähren, sei es gesund, ausschließlich negative Nachrichten zu konsumieren. Wir können eine Menge essen, ohne dabei Nährstoffe zu uns zu nehmen. Genauso können wir eine Menge Nachrichten, Geschichten und Erzählungen konsumieren, ohne tatsächliche Inhalte dabei aufzunehmen.

Essen ist für unseren Körper, was Information für unser Gehirn ist. Die Informationen, die wir aufsaugen, werden zu Gefühlen, Gedanken, Handlungen und Verhaltensweisen. Die Folgen sind weniger sichtbar, aber genauso drastisch. Nachrichten gehören zu den wirkungsvollsten und negativsten Informationsflüssen, die wir unausweichlich konsumieren.[74]

Wenn wir uns ein paar Monate lang ausschließlich von Pommes, Chips und Cola ernähren, merken wir die Folgen: Unsere Hosen fangen an zu kneifen, unsere Haut verändert sich und wenn wir eine Treppe hochsteigen, beginnen wir zu schnaufen. Vielleicht schlafen wir schlechter, vielleicht haben wir Kopfschmerzen. Und wenn wir in einem Labor unser Blut untersuchen lassen würden, könnten wir feststellen, dass uns Vitamine und Nährstoffe fehlen. Wenn wir ausschließlich Junkfood-Nachrichten konsumieren, sind die Folgen weniger sichtbar. Manchmal spüren wir vielleicht ein Gefühl der Leere in uns, in vielen Fällen merken wir erstmal nichts. Und selbst wenn wir bemerken, dass es uns schlechter geht, führen wir es nicht unbedingt auf unseren Nachrichtenkonsum zurück. Weniger drastisch sind die Folgen deshalb nicht. Über die mentalen Auswirkungen von zu viel Negativität um uns herum haben wir schon gesprochen: Hilflosigkeit, Angstzustände, Panik, Apathie. Aber es gibt auch körperliche.

Forscher*innen der University of Pennsylvania haben herausgefunden, dass es möglich ist, anhand von Twitternachrichten aus einer bestimmten Region zu erkennen, wie hoch das Risiko ist, in dieser Region an einer Herzerkrankung zu sterben. Die Forscher*innen haben 148 Millionen Tweets aus 1.347 Bezirken analysiert. In den Bezirken, in denen eher positive Begriffe getwittert wurden, starben weniger Menschen an einer Herzerkrankung als in den Bezirken, in denen hauptsächlich negative Begriffe getwittert wurden. Sprachmuster, die negativ geprägte soziale Beziehungen und negative Emotionen widerspiegelten, stellten sich als handfeste Risikofaktoren dar.[75] Die Menschen, die starben, waren nicht die Menschen, die getwittert hatten. Doch die Sprache, die auf Twitter genutzt wurde, konnte zeigen, in welchen Regionen Menschen vermehrt an Herzerkrankungen leiden, und in welchen nicht. Nicht nur das. Die Prognosen anhand der Tweets waren sogar zuverlässiger als herkömmliche Prognosen anhand zehn verschiedener Faktoren wie zum Beispiel Rauchen, Übergewicht, Diabetes, Bluthochdruck, Einkommenslevel und formaler Bildungsgrad.[76]

Wenn wir auf unsere Gesundheit achten wollen, sollten wir nicht nur darauf achten, vollwertige Nahrung zu uns zu nehmen, wir sollten auch darauf achten, vollwertige Geschichten zu konsumieren. Vollwertige Nachrichten, Gespräche, ja sogar Worte an sich.

Die gute Nachricht ist: das funktioniert. Wenn wir uns erst einmal daran gewöhnt haben, läuft beinahe alles ganz von selbst. Denn genauso wie wir unsere Hilflosigkeit erlernt haben, können wir lernen, uns weniger hilflos zu fühlen. Genauso wie Nachrichten über ungelöste Probleme und scheinbar endlose Missstände uns das Gefühl geben, ohnmächtig zu sein, zeigen uns Geschichten von Menschen, die es geschafft haben, Missstände zu überwinden, wie viel Kraft und Möglichkeiten zur Veränderung in uns stecken.

Wir können lernen, auf unsere Geschichten-Ernährung zu achten und solche Erzählungen zu finden, die uns guttun; Nachrichten, die uns dabei helfen, die Welt besser zu verstehen, und nicht nur: Angst vor ihr zu haben.

Wir brauchen dazu keine Feel-Good-Filme, die alles und jeden in rosigen Farben zeigen. Es genügt, wenn wir die Welt ohne unseren standardisierten Negativ-Filter betrachten. Wenn wir Geschichten lesen, von Menschen, die es geschafft haben, die Welt an irgendeinem Ort ein Stückchen besser zu machen, dann gibt uns das Hoffnung, dass auch wir das Leben um uns herum verändern und Missstände beheben können. Manchmal helfen schon einzelne, verhältnismäßig kleine Informationen, um unsere Weltsicht grundlegend zu verändern.

Was passiert, wenn wir statt ausschließlich negativer Nachrichten solche lesen, die neben dem Problem auch Lösungen enthalten, zeigt ein Versuch des Solution Journalism Networks. 755 Menschen wurden gebeten, einen Artikel zu lesen. Die Hälfte von ihnen bekam einen Text, in dem Lösung und Problem beschrieben wurden, die andere Hälfte einen Text, in dem nur das Problem geschildert wurde. Ansonsten waren die Artikel identisch. Ihr Inhalt: Die Folgen traumatisierender Erlebnisse an Schulen in den USA. Obdachlosigkeit in städtischen Gebieten. Mangel an Kleidung bei von Armut betroffenen Menschen in Indien. Also alles weit entfernt vom Happy End.

Die jeweiligen Probleme wurden vollkommen identisch beschrieben. Die Texte unterschieden sich nur darin, ob sie mögliche Lösungsideen enthielten oder nicht.

Als die Teilnehmenden beschrieben, wie es ihnen nach dem Lesen des Textes ging, waren die Unterschiede jedoch gravierend. Diejenigen, die einen Text mit Lösungsvorschlägen gelesen hatten, fühlten sich besser informiert und hatten das Gefühl, selbst etwas bewirken zu können. Sie beschrieben, dass ihr Interesse am jeweiligen Thema gestiegen sei und sie weitere Artikel lesen wollten – zum gleichen Thema, aber auch Texte von der*dem jeweiligen Autor*in zu anderen Themen sowie andere Texte, die in der gleichen Zeitung veröffentlicht worden waren. Sie fühlten sich inspiriert oder hoffnungsvoll. Sie glaubten, dass das beschriebene Problem lösbar sei, und gaben an, selbst Teil dieser Lösung sein zu wollen. Etwa, indem sie mit ihren Familien und Freund*innen über das Thema sprechen, den Artikel in den sozialen Medien teilen, oder spenden.

Stellen wir uns für einen Moment vor, was es für unsere Gesellschaft bedeuten könnte, wenn Nachrichten immer so wären. Statt von Verzweiflung und Angst wären unsere Handlungen von Zuversicht und Veränderungswillen getrieben. Egal, wie schlimm das

Problem wäre, von dem wir erfahren: unser Reflex wäre, die Ärmel hochzukrempeln und loszulegen.

Warum wir neue Landkarten brauchen – und einen Schutzanzug

Eine Sache, die wir tun können, um uns aus der angelernten Hilflosigkeit zu befreien, ist, uns vor Augen zu führen, wie sehr sich die Dinge in den letzten Jahren oder Jahrzehnten zum Positiven verändert haben. Vieles davon, gerade langwierige Prozesse, landet nicht in den Nachrichten und so fällt es uns leicht, zu vergessen, wie viele unserer Probleme im Laufe der Zeit kleiner geworden sind und dass einige von ihnen sogar ganz und gar verschwunden sind.

Wenn wir den Lauf der Welt immer nur von Tag zu Tag betrachten, von einem dramatischen Einzelereignis zum nächsten, verlieren wir schnell den Überblick. Wir vergessen die Vergangenheit oder glorifizieren sie und merken dabei gar nicht, dass die Welt auf lange Sicht betrachtet ein immer sichererer und besserer Ort wird, um darin zu leben.

Rebecca Solnit hat es sich gewissermaßen zum Beruf gemacht, gegen diesen Reflex anzuarbeiten.

> *Die schiere Andersartigkeit der Vergangenheit, die Erinnerung, dass sich alles verändert, hat sich für mich immer befreiend angefühlt; zu wissen, dass jeder Moment vorbeigeht, ist befreiend. Es hat und es wird andere Formen geben, als Menschen zu leben.*[77]

Laut Solnit können wir Fortschritt messen, indem wir sorgfältig beobachten, was früher war, und es damit vergleichen, was heute ist. Die geläufigere Art, gesellschaftliche Veränderungen zu messen – über kurze Zeiträume, von einem Jahr zum nächsten, von einer Woche zur nächsten, von einem Moment auf den anderen –, vergleicht sie mit einem Blick auf das Navi-Programm in unserem Handy: Der Ausschnitt der jeweiligen Landkarte sei entweder so groß, dass wir keine Details sehen, oder so klein, dass wir den Überblick verlieren. Die einzige Möglichkeit sei, blind den Anweisungen eines Algorithmus zu folgen, der alle Entscheidungen für uns getroffen hat, und dabei nie wirklich zu verstehen, wo wir gerade eigentlich sind.[78]

Dieses Gefühl, nie genau zu wissen, wo wir uns gerade befinden, vergleicht Solnit mit Amnesie. Menschen würden, im großen Stil, vergessen, wie unglaublich die Veränderungen der letzten Jahrzehnte gewesen sind.[79]

> *Wenn die Kathedralen, die du baust, unsichtbar sind, geschaffen aus Perspektiven und Ideen, dann vergisst du, dass du in diesen Kathedralen bist und dass die Ideen ursprünglich einmal von Menschen geschaffen wurden. […] Uns daran zu erinnern, dass die Ideen menschengemacht sind, genauso wie die Gebäude, in denen wir leben, und die Straßen, auf denen wir reisen, hilft uns, uns auch daran zu erinnern, dass […] Veränderung möglich ist.*[80]

Veränderung ist möglich. Gesellschaftlicher Fortschritt ist möglich. Wir können diese Sätze gar nicht oft genug sagen – denn ob bewusst oder unbewusst, tief drin sind die meisten von uns immer noch vom Gegenteil überzeugt.

Rufen wir uns also einmal Solnits Bild vom Navi vor Augen. Machen wir uns bewusst, dass die Realität, die wir Tag für Tag wahrnehmen, nur ein kleiner Ausschnitt dessen ist, was im Laufe der Zeit tatsächlich passiert. Versuchen wir einmal, uns das große, das vollständige Bild vor Augen zu rufen – die komplette Landkarte, die alles zeigt. Welche positiven Veränderungen, welchen Fortschritt können wir sehen? Wir dürfen ruhig in unserem eigenen Leben anfangen: Welche Verbesserungen können wir erkennen, im letzten Jahr, in den letzten fünf Jahren, in den letzten zehn Jahren? Vielleicht verdienen wir mehr Geld als früher, vielleicht haben wir mehr Freizeit, vielleicht haben wir Kinder, die wir uns damals nur gewünscht hatten, vielleicht haben wir einen Job, in dem wir uns erfüllter fühlen als vor einigen Jahren, vielleicht haben wir Konflikte in unserem Leben gelöst, Beziehungen repariert, eine Therapie gemacht, uns selbst besser kennengelernt. Verweilen wir einen Moment bei diesen Fragen – sie haben es verdient, dass wir uns Zeit für sie nehmen.

Wir können uns auch konkrete Momente in Erinnerung rufen, in denen sich unser Leben verbessert hat: eine Aussprache, eine Versöhnung, ein Wiedersehen, eine Beförderung, eine stolz und mutig eingereichte Kündigung, eine Hochzeit, die Trennung aus einer toxischen Beziehung, der langersehnte Umzug in eine andere Stadt, aufs Land oder in eine größere Wohnung. Der erste Einkauf vom selbst verdienten Geld, eine geglückte Operation, eine erfolgreiche Chemotherapie, ein Kompliment, das uns wieder neues Selbstvertrauen gegeben hat, ein Aufbruch. Sobald wir genug solcher Momente gesammelt haben, können wir uns eine neue Landkarte aus ihnen zusammenpuzzeln, neue Straßen, neue Wegweiser, einen neuen Kompass. Und wenn wir das nächste Mal das Gefühl haben, festzustecken, können wir uns daran erinnern, dass wir nur rauszoomen müssen, unseren Blick weiten, um wieder klar zu sehen. Um zu erkennen, dass die Schwierigkeiten in unserem Leben in den meisten Fällen nur Momentaufnahmen sind und keine langfristigen Trends.

Auch für unsere Familien, Nachbarschaften, unsere Gesellschaft oder die Welt können wir neue Landkarten zusammenpuzzeln. Wenn wir dafür in unseren Familien und Communitys ein paar Leute anrufen müssen, ihnen Fragen stellen und mit ihnen Gespräche führen müssen, umso besser. Vielleicht merken wir dabei, wie viele Momente und positive Entwicklungen es gibt, von denen wir uns gegenseitig erzählen können.

Wenn wir dafür recherchieren und Fakten googeln müssen, weil uns auf Anhieb gar nicht klar ist, was sich in der Welt oder in dem Land, in dem wir leben, zum Guten verbessert hat – umso besser. Das heißt, dass uns auch hier wichtige Informationen gefehlt haben und dass wir auch hier Informationen finden können, die unseren Blick auf die Welt vervollständigen. (Einige davon erfahren Sie im nächsten Kapitel.)

~

Wenn wir unsere Aufmerksamkeit auf Positives legen, nennen wir uns Optimist*innen. Legen wir unsere Aufmerksamkeit auf Negatives, nennen wir uns Pessimist*innen.

Bei manchen Menschen haben Optimist*innen keinen guten Ruf. Sie werden belächelt, nicht ganz für voll genommen und behandelt, als würden sie in ihrer eigenen Welt leben. Sie werden Träumer*in genannt, Traumtänzer*in, Hans GuckindieLuft oder Lebenskünstler*in. Keiner dieser Begriffe ist eindeutig negativ, aber alle meinen, dass jemand über dem Boden der Tatsachen schwebt. Manche Leute empfinden Optimismus sogar als eine Form menschlicher Schwäche. Als sei die betreffende Person nur nicht stark genug, um sich den harten Seiten des Lebens zu stellen.

Optimismus bedeutet nicht, Probleme zu verdrängen und ihre Existenz nicht anzuerkennen. Im Gegenteil: es heißt, im Angesicht von Problemen daran zu glauben, dass sich die Situation verbessern lässt und dass wir selbst beeinflussen können, ob und wie sehr das tatsächlich geschieht. Optimist*innen sehen Probleme als Hindernisse, die es zu überwinden gilt. Pessimist*innen sehen Probleme als Ende eines Wegs, als Sackgasse, als Zeichen dafür, dass es Zeit ist, umzudrehen und aufzugeben.

Die schönste Definition von Pessimismus, die ich kenne, stammt von der Poetin Mary Oliver. In ihrem Buch *Upstream* beschreibt sie den Autoren Edgar Allen Poe und seine Unfähigkeit, anzuerkennen, dass es neben schlechten auch gute Dinge gibt:

> *Es ist [...] ein Mangel an emotionaler Organisation, ein Mangel an Vertrauen. Und zwar nicht an Selbst-Vertrauen, [...] sondern an Vertrauen in die Welt als Ganzes mitsamt ihren guten sowie ihren schlechten Möglichkeiten. Im tiefsten Sinne war Poe ohne Vertrauen in eine Zukunft, die anders als die Vergangenheit sein könnte.*[81]

Pessimismus ist, wenn wir nicht daran glauben, dass die Zukunft besser als die Vergangenheit sein kann.

Bedeutet Optimismus also, dass wir uns auf eine gemütliche Bank in der Sonne setzen, die Arme vor dem Bauch verschränken und uns um nichts mehr kümmern, in dem festen Vertrauen, dass schon alles irgendwie gut gehen wird – auch ohne unser eigenes Zutun? Nein. Optimismus bedeutet, dass wir daran glauben, dass unsere Handlungen zählen; dass wir die Zukunft mitgestalten können und dass es einen Unterschied macht, ob wir, konfrontiert mit einem Problem, sofort aufgeben oder uns ins Zeug legen, um die Situation zu verbessern.

Optimismus so verstanden ist der Gegenpol zu gelernter Hilflosigkeit. Auf unserem Weg zu einer neuen Weltsicht kann er unser Kompass und Ziel gleichzeitig sein. Er kann uns nicht nur helfen, die Welt mit anderen Augen zu sehen, er kann uns auch dabei helfen, die Welt zu verändern. »Optimistisches Denken ist eines der verlässlichsten Anzeichen für Erfolg, Gesundheit und Zufriedenheit im Leben«, schreibt Glücksforscherin Michelle Gielan.[82] Anders gesagt: Optimismus funktioniert wie ein psychologischer Schutzanzug. Wenn wir ihn tragen, fühlen wir uns nicht nur besser. Unser Leben wird besser. Genauso wie das der Menschen um uns herum.

Wie können wir diesen Schutzanzug bekommen? Erstaunlich einfach. Wir müssen nicht einmal Geld ausgeben, nur etwas Zeit und Energie. Genau wie wir Hilflosigkeit erlernen, wenn wir negative Nachrichten konsumieren, können wir Optimismus trainieren, indem wir Geschichten konsumieren, die nicht ausschließlich negativ sind. Die nicht nur Probleme beschreiben, sondern auch mögliche Lösungen. Indem sie uns daran erinnern, dass Zustände zeitlich begrenzt sind und dass wir selbst zu gesellschaftlichem Fortschritt beitragen können, ändern sie unseren Blick auf die Welt.

Wenn wir das nächste Mal Nachrichten lesen, einen Film schauen oder einem Gespräch zuhören, können wir die Gefühle »hilflos« sowie »optimistisch« als Maßstab dafür nehmen, ob wir gerade eine Junkfood-Geschichte hören oder nicht. Wenn wir uns ausschließlich hilflos fühlen, ist die Wahrscheinlichkeit groß, dass das, was wir gerade gehört, gesehen oder gelesen haben, nur einen Teil der Realität abgebildet hat. Dass die Geschichte – ob gewollt oder ungewollt – mit einem Negativfilter erzählt worden ist. Dass es eine Geschichte ist, die uns schadet.

Wenn wir uns aktiviert fühlen, können wir davon ausgehen, dass wir nicht nur mit Missständen, sondern auch mit Lösungen oder zumindest Lösungsideen konfrontiert worden sind. Wir wissen, dass die Geschichte »nahrhaft« ist, dass sie uns mit hilfreichen Informationen versorgt und zum Handeln befähigt. Wir wissen, dass sie uns mental stärkt und langfristig auch unserer körperlichen Gesundheit guttun wird. Wir wissen, dass wir von dieser Art Geschichten nicht »zu viel« konsumieren können.

Stellen Sie sich nun noch einmal vor, Sie müssten einem Kind beibringen, seine Schuhe zu binden. Sie müssten kochen lernen oder eine neue Sprache. Wie würden Sie vorgehen?

EXPERIMENTE FÜR IHREN ALLTAG

- Verzichten Sie einen Tag lang komplett auf Nachrichten. Versuchen Sie außerdem, keine negativen Geschichten zu erzählen. Auch nicht sich selbst.

- Bewirken die Gespräche, Nachrichten und Geschichten in Ihrem Umfeld, dass Sie sich hilflos fühlen? Was könnte ein erster Schritt sein, optimistischer zu werden? Sprechen Sie mit mindestens einer anderen Person über Ihr Vorhaben. Fragen Sie nach Tipps und Unterstützung.

- Notieren Sie über einen längeren Zeitraum, zum Beispiel eine Woche, welche Geschichten, Erzählungen, Filme und Gespräche Sie aktiviert und hoffnungsvoll gestimmt haben und in welchem Rahmen sie stattgefunden haben. Die Liste, die dabei entsteht, kann zu einem ersten »Fahrplan« werden, auf dem Weg zu mehr lösungsorientierten Geschichten in Ihrem Leben.

- Rufen Sie sich noch einmal die Landkarte positiver Ereignisse in Erinnerung. Vielleicht haben Sie Lust, eine tatsächliche Landkarte daraus zu gestalten. Oder, wenn es schneller gehen soll, eine kurze Liste. In Momenten, in denen wir uns hilflos und ohnmächtig fühlen, kann es helfen, positive Veränderungen direkt vor Augen zu haben.

There are sills
either side of the window
I only tend to one
The tree outside reminds me
As with our own growth
All air is conditioned
by something

STEWART WAGNER

VIER:
SCHEIẞE PLUS X – DIE NEUE ZAUBERFORMEL

Vor ein paar Jahren waren wir mit unserem Dokumentarfilm *True Warriors* auf Tour in Österreich. Eine Woche lang reisten wir von Stadt zu Stadt, zeigten unseren Film und erzählten, Abend für Abend aufs Neue, warum wir glaubten, dass es wichtig ist, bei jeder Geschichte nach Momenten zu suchen, die Mut machen – sogar bei einer Geschichte, die von einem Selbstmordanschlag handelt, wie unser Film.

Im Jahr vor unserer Tour war Sebastian Kurz zum Bundeskanzler gewählt worden, die österreichische Politik hatte einen gewaltigen Rechtsruck hingelegt, und so gingen die Gespräche nach den Vorführungen meistens nicht nur über den Film selbst, sondern um grundlegendere Fragen: Wie können wir eine gerechtere Asylpolitik erreichen? Wie kann ich friedlich Widerstand leisten gegen eine Regierung, die Menschenrechte unterdrückt? Wo finde ich Hoffnung und Kraft, um weiterzumachen, wenn alles um mich herum aussichtslos erscheint?

Die Gespräche waren intensiv. Außer mir und meinem Partner war auch einer der afghanischen Protagonisten aus unserem Film mit auf der Bühne: Der Schauspieler und Regisseur Ahmad Nasir Formuli. Besonders einprägsam fand ich den Abend, als wir unseren Film im Weingut Umathum im Burgenland zeigten. Die dort hergestellten Weine werden bei Staatsbanketten in Österreich serviert, Arnold Schwarzenegger ist Stammkunde und sogar die *New York Times* hat schon über den Wein aus dem Burgenland berichtet. Für mich stand der ganze Abend unter einer besonderen Atmosphäre. Gelegen inmitten malerischer Landschaften strahlte das Weingut Ruhe und Gelassenheit aus. Während der Vorführung warteten wir in einem Raum mit 400 Holzfässern und 80 Prozent Luftfeuchtigkeit. Zum Filmgespräch gab es afghanisches Essen und natürlich: Wein.

Was die Leute im Publikum erzählten, war weniger idyllisch. Eine Frau sagte, dass sie und ihr Partner in den letzten Monaten immer wieder Jugendliche, die von einer Abschiebung bedroht waren, bei sich zu Hause versteckt hatten – und dass sie gleichzeitig versucht hatten, auf offiziellem Weg Einfluss auf die zuständigen Politiker*innen vor Ort auszuüben. Andere erzählten, dass sie merkten, wie ihnen die Kraft ausging. Dass sie das Gefühl hatten, nicht mehr hinterherzukommen bei immer neuen diskriminierenden Gesetzen und Anfeindungen vonseiten der österreichischen Regierung. Wir versuchten das, was wir immer versuchen: den Blick auf die Dinge zu lenken, die uns Mut machten. Ich erzählte von den vielen Menschen, die wir während unserer Tour getroffen hatten, die sich alle, über Monate und Jahre, für eine gerechtere Gesellschaft eingesetzt hatten und die fest entschlossen waren, das auch in Zukunft zu tun. Ich erzählte davon, wie es mich selbst ermutigt hatte, zu sehen, wie gut organisiert der politische Widerstand in Österreich zu sein schien, und wie viel stärker, lauter und risikobereiter sich Leute für Menschenrechte einsetzten, ab dem Moment, in dem sie massiv bedroht waren. Ein paar Leute im Publikum nickten, aber ganz sicher war ich mir nicht, ob meine Antworten tatsächlich überzeugt hatten.

Nach dem Gespräch fragte mich einer der Zuschauer, ob ich mir vorstellen könnte, in seiner Redaktion zu lehren. Er sei schon seit längerem auf der Suche nach jemandem, der konstruktives Geschichtenerzählen unterrichte. Ich sagte sofort und ohne viel nachzudenken ja, und ein paar Monate später saß ich am Computer, um mein erstes Seminar in Linz vorzubereiten.

~

Ich hatte erst wenige Monate zuvor überhaupt das erste Mal von »konstruktivem Journalismus« gehört. Bis dahin hatte ich einfach gemacht, was ich für richtig hielt, ohne zu wissen, dass es dafür ein Konzept gab, eigene Forschung und eine Menge Journalist*innen, die bereits so berichteten.

Während ich mich für das Seminar vorbereitete, las ich also alle möglichen Studien, Definitionen, Anleitungen, die ich zu konstruktivem Journalismus finden konnte.

Ich las, dass es verschiedene Konzepte gab, die sich nicht nur in ihren Namen – konstruktiver Journalismus, lösungsorientierter Journalismus, positiver Journalismus – unterschieden, sondern auch in ihren Zielen und ihrer Vorgehensweise. Positiver Journalismus setzt auf Erfolgsgeschichten, die in der Gesamtsumme ein Gegengewicht zu ausschließlich negativen Nachrichten bieten sollen. Feel Good Stories als Ausgleich zu Weltuntergangsgeschichten. Konstruktiver und lösungsorientierter Journalismus verfolgen ein anderes Ziel. Sie wollen beschreiben, dass etwas schiefläuft *und* wie es besser laufen könnte. Lösungsorientierter Journalismus sucht dabei, wie der Name schon sagt, nach konkreten Lösungen. Bei konstruktivem Journalismus sind auch andere Perspektiven möglich. Während lösungsorientierter Journalismus immer auch konstruktiv ist, ist nicht jeder konstruktive Text lösungsorientiert.[83]

Ich las, dass konstruktiver Journalismus in den USA bereits relativ verbreitet ist, ebenso in einigen europäischen Ländern, allen voran Dänemark. Und dass auch deutsche Medien, wenn auch im internationalen Vergleich zögerlich, hier und da schon dabei waren, anders zu berichten.

Ich las, dass konstruktiver Journalismus als solcher seine Ursprünge im Jahr 2001 hat, also lange bevor ich überhaupt angefangen hatte, als Journalistin zu arbeiten. Damals veröffentlichte die Investigativjournalistin Tina Rosenberg im *New York Times Magazine* einen Text mit dem Titel *Look at Brazil!* Darin beschrieb sie, wie Brasilien es geschafft hatte, die AIDS-Epidemie drastisch zu verlangsamen, vor allem mit der Herstellung von Generika, die deutlich günstiger waren als andere Medikamente – in den USA kostete eine Behandlung damals 10.000 bis 15.000 US-Dollar pro Jahr. »Brasilien zeigt, dass niemand, der an AIDS stirbt, aus natürlichen Gründen stirbt«, schrieb Rosenberg damals. »Diejenigen, die sterben, wurden verraten.«[84] Der Text ist lang, die Recherchen detailliert. Drastisch beschreibt Rosenberg sämtliche Probleme. Aber sie beschreibt eben noch etwas: einen Ausweg aus der Krise, der so ähnlich auch in anderen Ländern funktionieren könnte. Ursprünglich hatte Rosenberg geplant, einen Text darüber zu schreiben, wie Pharmakonzerne über Preisregelungen verhindern, dass Menschen in weniger wohlhabenden Ländern geheilt werden können. Dass sie also ihren eigenen Profit höher werten als das Leben von Millionen von Menschen. Doch ihr Chef lehnte die Geschichte ab. Erst als Rosenberg einen neuen Spin vorschlug, nämlich das eine Land in den Vordergrund zu stellen, das das Unmögliche geschafft hatte, erkämpfte sie sich einen Platz für ihre Geschichte.[85]

Später gründete Rosenberg gemeinsam mit anderen Kolleg*innen das Solutions Journalism Network, das inzwischen Medienschaffende auf der ganzen Welt ausbildet. »Sehr häufig denken Journalist*innen, dass wir nur über Probleme berichten sollten. Sie verachten Geschichten darüber, wie Leute es schaffen, Probleme zu lösen, als Kitsch, als gute Nachrichten, als PR oder Lobbyismus«, beschreibt Rosenberg die Herausforderung. »Unser Job ist, ihnen beizubringen, dass das nicht so sein muss. Du kannst schlechten konstruktiven Journalismus machen, aber du kannst genauso großartigen konstruktiven Journalismus machen. Wir bringen Leuten bei, wie das geht.«[86]

Wichtig sei, so lese ich, zusätzlich zu herkömmlichen journalistischen Fragen – wer, was, wo, warum, wann, welche Quelle – neue Fragen zu stellen: Was jetzt? Was funktioniert? Was sind die nächsten Schritte? Anders als herkömmlicher Journalismus, der sich nur mit der Gegenwart und der Vergangenheit eines Problems beschäftigt, richtet sich konstruktiver Journalismus auch in die Zukunft.[87]

Alles, was ich las, interessierte mich, doch nirgendwo hatte ich das Gefühl, dass die grundlegende Art, anders zu denken und zu erzählen, auf den ersten Blick sichtbar war. Je länger ich beim Lesen darüber nachdachte, was genau der Unterschied war zwischen der Art, wie ich früher Geschichten erzählte, und der Art, wie ich es jetzt tat, desto klarer wurde mir, dass sich im Grunde nur eine einzige Sache verändert hatte: Ich hatte begonnen, bei meinen Recherchen nach vorne zu schauen. Ich fragte nicht mehr nur, was schieflief, sondern auch, was wir dagegen tun könnten. So einfach war es. Gleichzeitig war es das komplette Gegenteil von dem, was ich in meinem beruflichen und in meinem privaten Umfeld gelernt hatte. Beides wollte ich auf einen Blick sichtbar machen. Nach einer Weile Gedanken Hinundherschieben kam ich auf eine kurze Formel: 💩 + X = 😊

Scheiße plus X. Die Scheiße steht für alles, was uns nicht gefällt. Soziale Missstände, Unterdrückung, Krisen, Ungerechtigkeiten, Katastrophen, Kriege – auf der gesellschaftlichen Ebene. Probleme, Sorgen, Streits, berufliche Herausforderungen, Krankheiten, Nächte ohne Schlaf – auf der privaten Ebene.

Das X steht für Dinge, die wir finden können, um auf einen gedachten Idealzustand zuzusteuern. Dinge, die wir brauchen, um die Probleme kleiner werden zu lassen und sie, mit etwas Glück und Ausdauer, vielleicht sogar ganz loszuwerden.

Die Formel kann uns nicht nur helfen, Geschichten anders zu erzählen. Sie kann uns auch dabei helfen, in unserem eigenen Umfeld mehr zu sehen als Probleme. Sie kann uns dabei helfen, »gesündere« Nachrichten zu konsumieren. Sie kann uns helfen, eine neue Art von Gesprächen zu führen und, ganz grundlegend, unser Leben neu zu entdecken. Aber eins nach dem andern.

Versuchen wir zuerst, uns die ganze Scheiße so konkret wie möglich vorzustellen – keine Sorge, das ist im übertragenen Sinne gemeint. Führen Sie sich ein Problem vor Augen, das Sie schon länger beschäftigt, oder eines, das Sie heute akut in den Wahnsinn treibt.

Vielleicht stammt es aus Ihrem persönlichen Leben: ein unangenehmes Gespräch, das Ihnen bevorsteht und Ihnen schon seit einigen Tagen schief im Magen hängt, eine Angst, mit der Sie heute Morgen aufgewacht sind, eine Sorge, die Sie über Nacht hat wach liegen lassen. Vielleicht ist Ihr Problem etwas größer: Eine Krankheit, die Ihnen das Leben schwer macht, eine gescheiterte Beziehung, eine zerbrochene Freundschaft, ein Todesfall.

Vielleicht ist Ihr Problem auch ein gesellschaftliches, eines, das Sie beschäftigt, seit Sie in den Nachrichten davon erfahren haben – für unsere Formel spielt das keine Rolle. Wichtig ist nur, dass Sie es sich so detailliert wie möglich vorstellen. Bleiben Sie nicht bei allumfassenden Begriffen wie Klimakrise, Rassismus, schlechte Laune, zu viel Stress. Versuchen Sie konkreter zu werden, beschreiben Sie Ihr Problem so genau wie möglich. Stört Sie der Plastikmüll, den Sie beim Spazieren links und rechts vom Weg liegen sehen? Die Tatsache, dass viele Tierarten vom Aussterben bedroht sind? Die Zunahme von Unwettern und Naturkatastrophen? Vielleicht stellen Sie beim Versuch, konkreter zu werden, fest, dass es verschiedene Aspekte gibt, die Ihnen Sorgen bereiten; nicht selten besteht ein riesiges Problem in Wirklichkeit aus vielen kleineren.

Wenn Sie Schwierigkeiten haben, sich zu entscheiden, legen Sie einfach eine Reihenfolge fest: Mit welchem Problem wollen Sie sich als Erstes beschäftigen? Alles gleichzeitig klappt sowieso nicht. Vielleicht ist das die erste Sache, die wir von unserer neuen Formel lernen können: Wenn wir die Dinge, die uns wütend machen, ändern wollen, müssen wir zuerst entscheiden, womit wir beginnen. Wir müssen eine Wahl treffen. Einen Startpunkt finden. Einen Fokus. Und dabei einen Moment lang alle anderen Dinge, die uns ärgern, loslassen.

Warum wir nach Problemen suchen müssen, wenn wir Lösungen finden wollen

Gehen wir einige Beispiele durch, um diesen Gedanken zu verinnerlichen. Nehmen wir an, Sie sind mit dem Problem Rassismus gestartet. Beim Versuch, konkreter zu werden, haben Sie vielleicht gemerkt, dass Sie wütend sind darüber, dass Schwarze Menschen und People of Color öfter und auf schikanierendere Weise von der Polizei kontrolliert werden als *Weiße*. Vielleicht haben Sie gemerkt, dass Sie wütend sind darüber, dass nun schon in der zweiten Legislaturperiode Angehörige einer rechtsradikalen Partei im Bundestag sitzen. Vielleicht haben Sie gemerkt, dass Sie wütend sind, weil immer noch viele Straßen und Plätze in Deutschland nach rassistischen Kriegsverbrecher*innen und Kolonialherr*innen benannt sind. Vielleicht merken Sie gerade beim Lesen, dass Sie auf alle diese Dinge wütend sind. So oder so: Wichtig ist, dass Sie sich für eine Sache entscheiden. Das können Sie anhand verschiedener Kriterien: Sie können sich fragen, welches Problem das schlimmste ist. Welches Problem Sie am wenigsten aushalten. Oder Sie können sich fragen, bei welchem Problem Sie am einfachsten selbst etwas bewirken können. Und natürlich können Sie auch einfach auf Ihr Bauchgefühl hören und darauf vertrauen, dass Sie fühlen, welches Problem für Sie das momentan »richtige« ist.

Wenn wir uns schwer damit tun, eine Entscheidung zu treffen, hat es manchmal damit zu tun, dass wir Angst haben, wir könnten Probleme herunterspielen oder verharmlosen, wenn wir uns statt allen gleichzeitig »nur« einem einzigen widmen. Denken Sie daran: Unsere Entscheidung gilt nur für den Moment. Sobald wir das erste Problem aus dem Weg geräumt oder einen neuen Umgang damit gefunden haben, können wir uns dem nächsten widmen. Alles hat seine Zeit. Und egal, wie viele Dinge wir erreichen wollen: es funktioniert nur Schritt für Schritt. Empören können wir uns über viele Dinge gleichzeitig, verändern können wir nur eins nach dem anderen. Alle Probleme auf einmal zu lösen ist vollkommen unmöglich.

In meinem Leben unterscheiden sich die Probleme von Tag zu Tag. Eine Sache, die mich beschäftigt, ist die Frage, wie wir es – als Einzelpersonen und als Gesellschaft – schaffen können, unsere Zukunft aktiver zu gestalten, anstatt ihr passiv entgegenzublicken. In diesem Fall wäre mein Problem also der Eindruck, dass viele Menschen und Institutionen hinter ihren Möglichkeiten zurückbleiben, wenn es darum geht, unsere Gesellschaft voranzubringen.

Ein anderes Problem, das mich nun schon einige Jahre beschäftigt, ist das Gefühl, dass viele Menschen so sehr mit Arbeiten und Geldverdienen beschäftigt sind, dass sie kaum noch Zeit und Orte finden, um ihr Leben unabhängig von Geld und Kapital zu organisieren.

Ein Problem, das ich seit meiner Zeit in Kabul nicht mehr aus dem Kopf bekomme, ist Krieg, und die Erfahrung, dass ich so wenig gegen ihn tun kann.

Ein weiteres Problem, das mir gerade sehr akut im Weg herumliegt, sind die vielen Schnecken, die sich Nacht für Nacht über unseren Gemüsegarten hermachen, und die Tatsache, dass ich immer noch keine wirksame Methode gefunden habe, sie abzuhalten, ohne sie dabei umzubringen. Heute Morgen habe ich in einem Video gesehen, dass abgeschnittene, dornige Rosenzweige dabei helfen können, Schnecken von einem bestimmten Ort abzuhalten – vielleicht hat es sich bis morgen also schon erledigt. Aber so ist das mit Problemen. Manche bleiben über Jahre, andere verschwinden schon nach kurzer Zeit. Ich persönlich finde allein das schon tröstlich: zu wissen, dass nicht alle unserer Probleme von Dauer sind.

Vielleicht wirkt es auf Sie pietätlos, Kriege und Schnecken in einem Absatz zu beschreiben. Ich habe meine Beispiele nicht zufällig gewählt. In den meisten Momenten in unserem Leben ist es ja tatsächlich so, dass wir kleine und große Probleme vor uns liegen haben und uns trotzdem nicht immer denjenigen widmen, die objektiv betrachtet die drastischsten sind. Wäre es anders, würden wir Tag für Tag für Klimaschutz, Gerechtigkeit und Frieden demonstrieren, anstatt in die Schule zu gehen, zu arbeiten oder in den Urlaub zu fahren. »Niemandem gelingt es, in jedem Moment gegen alle diskriminierenden Strukturen, für Umweltbewusstsein, gegen Gewalt im Kleinen und im Großen, die Kriege und Ungerechtigkeiten dieser Welt zu kämpfen«, schreibt die Autorin Kübra Gümüşay. »Jede unserer Handlungen ist ein Kompromiss zwischen unseren Idealen und der Realität, in der wir uns befinden. Anders können wir nicht handeln.«[88]

Mir hilft es, mir diese Unterschiede klarzumachen. Wenn ich meine Probleme nicht sortiere, überkommt mich schnell das Gefühl, ich sei mit einem Haufen überwältigender Probleme konfrontiert, nur weil sie sich in der Summe überwältigend anfühlen. Wenn ich genauer hinschaue, merke ich schnell, dass mindestens einige von ihnen gar nicht schlimm sind; dass ich viele von ihnen in ein paar Monaten, vielleicht sogar schon in ein paar Wochen, spätestens aber in ein paar Jahren vergessen haben werde – und allein dieser Gedanke lässt den Problemberg schrumpfen.

Und es gibt noch einen Grund, warum ich meine Beispiele so gewählt habe: Um uns daran zu erinnern, dass es keine richtigen Probleme gibt, und keine falschen. Ein Problem ist nicht schlimmer oder wichtiger, nur weil es emotional oder moralisch aufgeladen ist. Wir haben immer das eine Problem, das uns gerade am meisten beschäftigt. An manchen Tagen ist das der Verlust eines geliebten Menschen. An anderen Tagen sind es Zahnschmerzen oder das Wetter. Ich habe die Erfahrung gemacht, dass sich Verzweiflung immer wie Verzweiflung anfühlt – nahezu unabhängig davon, wie schwer die Tatsache ist, die dieses Gefühl ausgelöst hat. Gefühle sind eben nicht rational. Sie können rational erklärbare Tatsachen als Ursprung haben, aber ein Gefühl bleibt immer ein Gefühl. Angst, Verzweiflung, Einsamkeit: sie fühlen sich immer bedrohlich an, auch dann wenn ihre Auslöser unser Leben nicht akut bedrohen.

Denken Sie also nicht, dass Sie sich ein besonders tragisches oder ein gesellschaftlich besonders anerkanntes Problem aussuchen müssen. Nehmen Sie einfach dasjenige, das Sie gerade am meisten verzweifeln lässt. Ob Ihre Freund*innen, Familien und Kolleg*innen es als banal oder unwichtig, lächerlich oder beeindruckend beurteilen würden, darf Ihnen, wirklich, vollkommen egal sein.

Sobald wir unser Problem gefunden haben, können wir uns auf die Suche nach einem gedachten Idealzustand machen, den wir uns im Zusammenhang mit unserem Problem wünschen. In vielen Fällen ist dieser Zustand das genaue Gegenteil von unserem Problem. Keine rassistischen Polizeikontrollen, keine rechtsradikale Partei im Bundestag, kein Krieg und keine Schnecken im Gemüsebeet.

In manchen Fällen ist das Gegenteil nicht mehr möglich. Wenn Menschen sterben, an einer Krankheit, im Krieg oder durch einen rechtsextremistischen Terroranschlag wie dem in Hanau, können wir das nicht mehr rückgängig machen – ganz egal, was wir tun. In solchen Fällen können wir als Idealzustand wählen, dass die Strukturen, die den Tod möglich gemacht haben, sich ändern. Bessere Forschungen zu unheilbaren Krankheiten, stärkere Bemühungen in Friedensverhandlungen, strengere Waffengesetze, bessere Überwachung radikaler Netzwerke. Eben: Bemühungen, dass die jeweilige Ursache des Problems in Zukunft unwahrscheinlicher wird.

Auch beim Idealzustand ist es wichtig, so konkret wie möglich zu werden. Und genauso wenig wie es das eine richtige Problem gibt, gibt es den einen richtigen Idealzustand. Wichtig ist, sich einen konkreten Zustand herauszusuchen, bei dem Sie das Gefühl hätten, Ihr Problem sei nun restlos beseitigt worden.

Bei meiner Sorge, dass sich viele Menschen und Institutionen nicht so aktiv für eine bessere Zukunft einsetzen, wie sie es eigentlich könnten, wäre mein Idealzustand eine Gesellschaft, in der wir offen, vielfältig und gleichberechtigt darüber diskutieren, welche Zukunft wir uns erträumen und in der wir Orte, Ressourcen und Gelegenheiten finden, um dieser Zukunft entgegenzuleben.

Bei meinem Ärger darüber, dass viele Menschen ihr Leben nach der Notwendigkeit ausrichten, Geld verdienen zu müssen, wäre mein Idealzustand eine Gesellschaft, deren Mitglieder finanziell so abgesichert sind, dass sie sich unabhängig von Einkommen und gesellschaftlichem Status nicht existenziell bedroht fühlen müssen, zum Beispiel durch ein bedingungsloses Grundeinkommen. Mein Idealzustand im Bezug auf Krieg wäre: Kein Krieg. Nie mehr. Nirgendwo.

Spätestens bei diesem letzten Beispiel merken wir: Der Idealzustand ist oft ein Zustand, der so perfekt scheint, dass wir uns beinahe nicht trauen, ihn auszusprechen – geschweige denn ihn als konkretes Ziel zu benennen. Keine Sorge: wir müssen uns nicht daran messen, ob wir den Idealzustand tatsächlich erreichen können. Wir müssen uns nicht daran messen, ob wir unsere Träume eines Tages tatsächlich erfüllt sehen – Hauptsache, wir leben ihnen entgegen. Stellen wir uns den Idealzustand nicht als Ziel vor, eher als einen Richtungsweiser. Als einen Kompass, der uns zeigt, welchen Weg wir einschlagen können, um die Dinge um uns herum zu verändern.

Wenn wir unser Problem und den dazugehörigen Idealzustand vor Augen haben, kennen wir unseren Startpunkt und unser Ziel. Was jetzt noch fehlt, ist der Weg dazwischen, die Strecke, die uns von A nach B bringt, von »schlecht« nach »etwas besser«, im besten Fall sogar nach »gut«. Von heute in die von uns erwünschte Zukunft. Eben: das X.

Das X ist der wichtigste Bestandteil unserer Formel. Das X ist das, was den Unterschied macht. Das X ist das, was Sie aus diesem Buch mitnehmen werden. Es ist das, was Sie in den nächsten Monaten, Jahren und Jahrzehnten immer wieder suchen werden, in unterschiedlichen Situationen und Kontexten, aber immer aus demselben Grund: Um nicht festzustecken in ausschließlich Negativem. Um nicht irgendwann darin unterzugehen. Das X ist unser Rettungsanker.

EXPERIMENTE FÜR IHREN ALLTAG:

- Schreiben Sie eine Liste mit den Problemen, die Sie momentan umtreiben, großen und kleinen. Suchen Sie sich das eine Problem aus, mit dem Sie beginnen wollen.

- Gehen Sie systematisch und entlang unserer neuen Formel vor: Was wäre der Idealzustand? Begrenzen Sie sich nicht in Ihrem Denken. Der beste Zustand, der Ihnen in den Sinn kommt, ist der, den Sie brauchen – völlig unabhängig davon, ob er realistisch ist oder nicht.

- Nehmen Sie ein Blatt Papier und notieren Sie, wie in unserer Formel: Links das Problem, rechts den jeweiligen Idealzustand. Lassen Sie zwischen den beiden etwas Platz frei. Freuen Sie sich darauf, mit dem nächsten Kapitel die jeweils passenden X zu finden.

A word
after a word
after a word
is power.

MARGARET ATWOOD

FÜNF:
UND JETZT? AUF DER SUCHE NACH DEM X

Es gibt nicht das eine richtige X. Wichtig ist vor allem, dass wir nach ihm suchen. In einigen Fällen ist das X intuitiv.

Nehmen wir das Schneckenbeispiel: Vielleicht besteht das X aus den dornigen Rosenästen, weil sie es tatsächlich schaffen, Schnecken abzuhalten, ohne sie umzubringen. Falls das nicht klappt, könnte das X auch darin bestehen, ein schneckensicheres Hochbeet zu bauen, oder einen Schneckenzaun – beides war mir bisher zu aufwendig. Das X könnte aber auch darin bestehen, dass ich akzeptiere, dass Schnecken nun mal die Angewohnheit haben, bei Regen ins Gemüsebeet zu kommen und dass ich nicht die Einzige bin, der es so geht. Ich kann sehen, dass sie nicht alles Gemüse komplett kahl fressen und ich verhungern muss; und ich aus diesen drei Gründen den Schnecken genauso gut gelassen gegenübertreten und sie akzeptieren kann. Kein X ist besser als das andere. Sie alle führen dazu, dass sich mein Problem in Luft auflöst.

Ein anderes Problem in meinem Leben ist das Gefühl, nie genug Zeit zu haben, immer »zu wenig« zu schaffen, nicht schnell genug die Ziele zu erreichen, die ich mir vornehme. In diesem Fall habe ich bei meiner Suche nach dem X andere Menschen in meinem

Umfeld um Hilfe gebeten und sie gefragt, wie sie mit ihrer Zeit umgehen. Viele Probleme haben wir gemeinsam und wir müssen nicht jedes Mal selbst die Lösung finden.

Ein Freund riet mir: »Wenn du immer weniger schaffst, als du dir vornimmst, nimmst du dir vielleicht einfach zu viel vor.« Eine andere Freundin antwortete auf meine Frage, sie verstehe das Konzept von zu wenig Zeit haben nicht. »Wir haben doch eigentlich immer Zeit«, sagte sie. Einen Moment lang war ich irritiert, dann verstand ich, was sie mir sagen wollte: Ich hatte nicht zu wenig Zeit. Ich hatte zu wenig innere Ruhe. Anstatt durch den Tag zu hetzen, nahm ich mir am nächsten Morgen also Zeit, meditierte eine halbe Stunde, machte Yoga, schrieb Tagebuch, ging im Wald spazieren und hatte dann, obwohl ich Stunden später als sonst »mit meinem richtigen Tag« begann, sofort das Gefühl, in einer anderen Tempozone unterwegs zu sein und die Kontrolle über die Zeit zurückgewonnen zu haben. Oder vielleicht eher: sie endlich losgelassen zu haben. Kurz darauf habe ich ein japanisches Sprichwort gelesen: Wenn du in Eile bist, mache einen Umweg. Ich versuche mich daran zu erinnern, wenn ich mich das nächste Mal von mir selbst gehetzt fühle.

Oft finden wir das X, indem wir uns beim Anblick der ganzen Scheiße, die uns umgibt, fragen: Was jetzt? Was kann ich tun? Was können wir besser machen? Was können wir fordern? In anderen Fällen ist das X weniger offensichtlich und weniger leicht zu finden. Das gilt besonders für Probleme, die uns schon länger beschäftigen oder die auf den ersten Blick außerhalb unserer Reichweite liegen. Für diese Fälle gibt es ein paar Werkzeuge, die uns helfen können, unser X zu finden.

Die Werkzeuge sind Fragen, die wir uns stellen können. Manchmal werden die Fragen erfordern, dass wir recherchieren. Manchmal wird schon die neue Denkrichtung genügen, um uns auf die richtige Spur zu bringen. Die Fragen sind nicht kompliziert. Betrachten wir sie einfach als Hilfsmittel auf einer detektivischen Spurensuche. In diesem Kapitel testen wir sie anhand von Themen und Problemen, die wir so auch in den Nachrichten finden könnten. Eben: der ganze Scheiß, der Tag für Tag auf uns einprasselt.

Wie machen andere das?

Die erste Frage, die wir uns stellen können, ist, wie das Problem in einer anderen Stadt, in einem anderen Land, an einem anderen Ort gelöst worden ist. Viele der Probleme, die uns heute beschäftigen, betreffen Menschen auf der ganzen Welt. Und für viele Probleme, denen wir noch ratlos gegenüberstehen, haben Menschen anderswo längst Lösungen gefunden. Wir müssen nicht immer bei null starten. Auch wenn wir die Lösungen von anderen nicht eins zu eins übernehmen können – und manchmal können wir das sogar –, sie helfen uns, beim Denken neue Wege einzuschlagen.

Ein Beispiel für die Frage haben wir schon kennengelernt. Erinnern Sie sich an *Look at Brasil!*, den Text der Investigativjournalistin, der heute als Beginn des konstruktiven Journalismus in den USA gilt? Tina Rosenberg hatte sich vorgenommen, über die sich ausbreitende AIDS-Epidemie zu berichten. Der unausweichlich und unmittelbar bevorstehende Tod von zehntausenden Menschen war das Problem, das sie antrieb. Aber sie wollte nicht nur über das Problem berichten. Also fand sie einen Ort, an dem das Problem bereits weitgehend gelöst war, und schrieb über Brasilien.

Nehmen wir ein zweites Beispiel: Das Problem, dass viele Menschen einen Großteil ihres Lebens mit Geldverdienen verbringen. Knapp zwei Drittel aller Deutschen fühlen sich beruflich gestresst.[89] Wie gehen andere Länder mit diesem Problem um? Wer hat bereits eine Lösung gefunden, weg von der 40-Stunden-Woche?

In Island haben zwei Feldstudien gezeigt, dass eine reduzierte Arbeitszeit von wöchentlich mehr als 40 Stunden auf 36 oder sogar 35 nicht nur für mehr Zufriedenheit bei den Angestellten sorgt, sondern auch die Produktivität steigert.[90]

An den Studien nahmen 2500 Menschen teil – etwa ein Prozent der erwerbstätigen Bevölkerung in Island. Die Berufe reichten von Verwaltungsjobs im Büro zu Krankenhäusern, Schulen und Polizei. Im Abschlussbericht der Studie heißt es, die Teilnehmenden hätten sich ihre Zeit besser eingeteilt und strukturierter gearbeitet, sie hätten weniger Stress empfunden, mehr Zeit mit ihren Familien verbracht, hätten unter der Woche mehr Zeit für Hobbys gehabt, und damit am Wochenende mehr Zeit für Familien und Partner*innen. Heterosexuelle Männer hätten mehr Zeit damit verbracht, Haushalts- und Care-Aufgaben zu erledigen; besonders Alleinerziehende hätten von der zusätzlichen Zeit profitiert. Sogar auf diejenigen, die nicht an der Studie teilgenommen haben, Freund*innen, Kinder, Partner*innen, hätte die verringerte Arbeitszeit positive Auswirkungen gehabt.

Die gesundheitlichen Verbesserungen, sowohl körperlich wie mental, hätten über die gesamten drei Jahre der Studie angehalten. Man sei daher zuversichtlich, dass verkürzte Arbeitszeiten die Gesundheit der Angestellten verbessern würden und dass sie dauerhaft zu weniger Stress und Burnout sowie zu mehr Wohlbefinden und einer verbesserten Arbeitsmoral führen würden.[91] Als Folge der Studie verhandelten mehrere Gewerkschaften neue Tarifverträge mit deutlich verkürzten Arbeitszeiten, die inzwischen bis zu 86 Prozent der arbeitenden Bevölkerung in Island erreichen.[92] Ihr Fazit lautet: »Die isländischen Versuche können die Rolle eines Leuchtturmprojekts spielen, wenn es darum geht, zu zeigen, dass die Reduzierung von Arbeitszeit in modernen fortgeschrittenen Wirtschaftssystemen als ein wirksamer, anzustrebender und tragfähiger politischer Schritt betrachtet werden kann.«[93]

Tatsächlich plant die spanische Regierung bereits ein ähnliches Projekt: 200 Unternehmen sollen drei Jahre lang dabei gefördert werden, die Arbeitszeit ihrer Angestellten auf 32 Wochenstunden zu reduzieren.[94] Und auch in Neuseeland unterstützt die Regierung neue Arbeitsmodelle ausdrücklich. So testet beispielsweise das Unternehmen Unilever, das bekannt dafür ist, vor allem auf die eigene Gewinnmaximierung zu achten, bei seinen neuseeländischen Angestellten ein Jahr lang die Vier-Tage-Woche mit gleichbleibendem Gehalt.[95] Verläuft das Experiment erfolgreich, soll das Konzept auch auf Betriebe des Unternehmens in anderen Ländern übertragen werden.

Noch ein Beispiel – die Tatsache, dass wir es in Deutschland schaffen müssen, bis 2035 klimaneutral zu werden, wenn wir das 1,5 Grad-Ziel des Pariser Abkommens erreichen und die Klimakrise aufhalten wollen. Wenn wir uns nach einem Land umsehen, das uns hier als Vorbild dienen kann, landen wir schnell bei Dänemark.

Dänemark will bis 2030 aus dem Kohleabbau aussteigen. Bis 2050 soll die komplette Öl- und Gasförderung in der Nordsee eingestellt werden, und das obwohl Dänemark so viel Öl und Gas produziert wie kein anderes Land innerhalb der EU.[96] Um diese Ziele erreichen zu können, arbeitet Dänemark mit vielen Partner*innen zusammen. So wurden beispielsweise öffentlich-private Klimapartnerschaften für jede Wirtschaftsbranche gegründet, von der Schifffahrt bis zum Finanzsektor.[97] Maersk, die weltweit größte Containerschiff-Reederei, hat angekündigt, 2023 ihr erstes klimaneutrales Containerschiff in Betrieb zu nehmen, sieben Jahre vor dem ursprünglich geplanten Start.[98]

International arbeitet Dänemark bei der Energiewende mit 16 Ländern zusammen, um eigene Erfahrungen mit anderen zu teilen. Mehr als 50 Prozent des dänischen Stroms werden bereits aus Wind- und Solarenergie gewonnen. Ministerpräsidentin Mette Frederiksen sagte im Sommer 2021, man ginge davon aus, dass bis 2027 der komplette Strombedarf durch erneuerbare Energien gedeckt werden wird.[99] Expert*innen halten dieses Ziel für realistisch. Schon jetzt gibt es mehr Arbeitsplätze im Zusammenhang mit erneuerbaren Energien als im Zusammenhang mit fossilen Brennstoffen. Zum Vergleich: Die EU hat sich als Ziel gesetzt, bis 2030 32 Prozent des Strombedarfs durch erneuerbare Energien zu decken.[100] Deutschland hat angegeben, bis 2030 65 Prozent erneuerbare Energien erreichen zu wollen.

Wie kam Dänemark zu dieser Vorreiterrolle? Schon vor einigen Jahrzehnten. Als in den 70er Jahren als Folge der Ölkrise viele westliche Länder den Kohleabbau verstärkten, setzte Dänemark auf erneuerbare Energien. Als die während der Krise gestiegenen Strompreise wieder zu sinken begannen, erhöhte Dänemark die Steuern. Für die Verbraucher*innen blieben die Preise nahezu gleich und die Regierung nutzte die zusätzlichen Einnahmen für Innovationen.

1997 rief die Regierung einen Wettbewerb aus: Gesucht wurde eine Insel, die es schaffen wollte, 100 Prozent der vor Ort nötigen Energie selbst zu produzieren. Gewinnerin wurde: die Insel Samsø.[101] 25 Jahre später ist das Ziel längst erreicht: die Bewohner*innen der Insel verfügen über mehr Strom, als sie verbrauchen können. Windenergie spielt dabei eine wichtige Rolle. Die Kraftwerke rund um die Insel finden mittlerweile große Akzeptanz, auch weil viele Bürger*innen finanziell an ihnen beteiligt sind. »Windkraftwerke sind viel schöner, wenn sie dir mitgehören, wenn sie Geld bringen, sobald der Wind weht«, steht auf der Website von Samsø.[102] Wichtiger als Geld sei jedoch das Gefühl, miteingebunden zu werden, rät der Direktor der inseleigenen Energie-Akademie. »Wenn Leute nicht miteinbezogen werden, kann das sehr viel Widerstand erzeugen.«[103] Samsøs nächstes Ziel ist es, bis 2030 komplett auf Gas und Öl verzichten zu können, 20 Jahre vor dem Rest des Landes. Stattdessen wird mit Stroh geheizt, 150 Ballen entsprechen ungefähr 30 Tonnen Erdöl. »Das Stroh ist hier gewachsen und das Erdöl bleibt irgendwo anders in der Erde«, beschreibt einer der beteiligten Bauern die Vorteile.[104] Auch sehr praktisch: das Stroh wächst nach. Die meisten Bewohner*innen von Samsø fahren Elektroautos. Laden können sie die an einer Solartankstelle – ein überdachter Parkplatz mit Kollektoren auf dem Dach. Menschen aus aller Welt kommen nach Samsø, um zu lernen, wie sie die Energiewende in ihrer eigenen Gemeinde, ihrer Stadt oder ihrem Land vorantreiben können.

Samsø ist nicht der einzige Ort, an dem wir etwas über Dänemarks Klimapolitik lernen können: Kopenhagen will 2025 als erste Hauptstadt der Welt klimaneutral sein – also genau so viel Emissionen aufnehmen wie ausstoßen – und das obwohl die Anzahl der Bewohner*innen stetig wächst. Windräder, Solarenergie, Geothermie und Biomasse sollen dabei helfen. Außerdem Neubauten, die einen Teil oder ihren gesamten Energiebedarf selbst generieren, beispielsweise indem mehrere tausend Solarmodule die Hausfassade bedecken. Und das modernste Müllheizkraftwerk der Welt, Naherholungsgebiet inklusive: Während das Kraftwerk 100.000 Haushalte mit Wärme versorgt, können Kopenhagener*innen und Tourist*innen auf dem Dach wandern, klettern, Ski fahren oder einfach nur den Blick auf die Stadt genießen.[105]

Kopenhagen schafft, was laut Autor und Harvard-Absolvent Andrew Wear für eine erfolgreiche Klimapolitik unbedingt nötig ist: mit neuen Gesetzen nicht nur den Klimaschutz, sondern auch die Lebensqualität zu verbessern.[106] Laut dem World Happiness Report war Dänemark sowohl 2017 als auch 2020 das zweitglücklichste Land der Welt.[107] Neben den erfolgreichen Konzepten und dem frühen Beginn der Energiewende spielt auch das Vertrauen der Dän*innen in ihre Regierung eine wichtige Rolle. Ein Grund dafür ist laut Wear die Art und Weise der dänischen Berichterstattung. Ohne medial ausgelöste Polarisierungen in politischen Fragen gebe es Raum für konstruktive Debatten, sowohl in den Medien als auch in der Politik.[108]

Dänemark ist nicht perfekt. Fleischkonsum und Fleischherstellung sind immer noch hoch. Zwar wurden in den letzten Jahren viele Schlachthöfe geschlossen, ein Teil der Produktion wurde jedoch schlicht nach Deutschland verlagert – aus dänischer Sicht gelten wir als Niedriglohnland. Während die Schlachtungen von Schweinen in den letzten Jahren gesunken sind, ist der Export lebender Schweine gestiegen.[109]

Zudem lassen sich nicht alle Maßnahmen, die in Dänemark erfolgreich sind, ohne Weiteres übertragen. Anders als Deutschland hat Dänemark nicht mit einer mächtigen Autolobby zu kämpfen. Die Steuern für ein neu gekauftes Auto liegen bei 85 bis 150 Prozent, wobei Luxuswagen deutlich höher besteuert sind als normale PKW.[110] Allein in Kopenhagen mussten in den letzten Jahren hunderte Parkplätze für Grünflächen weichen.[111] Doch selbst die Maßnahmen, die uns aus deutscher Sicht (noch) utopisch vorkommen, können uns zeigen, woran es in Deutschland momentan hakt.

Andere Erfahrungen aus Dänemark sind allgemeingültig: Dass Projekte mehr Erfolg haben, wenn sie vor Ort starten, die Bevölkerung miteinbeziehen und ihr einen direkten Nutzen bringen. Dass es sich lohnt, massiv für die Energiewende großer Städte und Ballungsräume zu investieren. Dass neben kurzfristigen Entscheidungen vor allem langfristige Strategien und Fahrpläne notwendig sind.

Wissen darüber, was bei anderen funktioniert hat, kann die Welt verändern. Besonders heutzutage, wo die meisten Menschen in den meisten Ländern gegen ähnliche Missstände ankämpfen: Klimakrise, soziale Gerechtigkeit, Rassismus. Überall auf der Welt können wir Strategien finden, um diese Probleme zu lösen.

Wenn wir an Orte schauen, wo Menschen – und Regierungen – schon besser darin sind, Lösungen zu finden, bekommen wir eine Idee, wie es auch bei uns klappen könnte.

Blick in die Vergangenheit

Eine andere Frage, die wir uns stellen können, um unser X zu finden, ist, ob »unser« Problem in der Vergangenheit schon einmal gelöst worden ist. Wenn wir das X in der Vergangenheit suchen, geht es nicht darum zu sagen: Früher war alles besser. Im Gegenteil: Es geht darum zu schauen, welche Dinge früher gut funktioniert haben, ihr Prinzip in die heutige Zeit zu übertragen und sie auf diese Weise zu erneuern.

Beginnen wir bei unserem Beispiel Brasilien. Wenn wir wissen, dass es Ende der 90er Jahre im Kampf gegen die AIDS-Epidemie in strukturell benachteiligten Ländern ein wirksames Mittel war, Generika herzustellen und den Patentschutz anzugreifen, dann zeigt uns das Möglichkeiten, wie es heute gelingen kann, dass mehr Menschen in strukturell diskriminierten Ländern mit Impfungen gegen Covid-19 versorgt werden.

Mein Partner Niklas Schenck hat vor einigen Jahren bei Recherchen für sein Buch *Die Krebsmafia* zwei der Aktivist*innen kennengelernt, die während der AIDS-Epidemie entscheidend dazu beigetragen haben, dass internationale Gesetze und Patentregelungen geändert wurden: Manon Ress und Jamie Love. Seit mehr als 20 Jahren kämpfen sie für gerechtere Gesetze zu geistigem Eigentum, speziell in der Pharmaindustrie. Kurz nach Ausbruch der Corona-Pandemie in Deutschland kontaktierte Nik die beiden. Er wollte wissen, welche Lehren wir aus ihren Erfahrungen der AIDS-Krise ziehen können. Im Interview, das im Magazin der Süddeutschen Zeitung veröffentlicht wurde, erzählt Manon Ress, dass sie zum ersten Mal verstand, dass Patente nicht immer gut für Patient*innen sind, als ihre eigene Mutter an Krebs erkrankte. Der Preis für eine Chemotherapie betrug damals 80.000 Dollar. Ress' Mutter war nicht versichert und obwohl ihre Kinder einen Kredit aufnehmen wollten, um die Kosten zu bezahlen, lehnte sie ab. Auf keinen Fall wollte sie so viel Geld an die Pharmaindustrie bezahlen. Ress' Mutter starb ohne Behandlung. »Dabei kosten diese Medikamente nahezu nichts in der Herstellung.«[112]

Schon in normalen Zeiten belaste es Patient*innen, dass wirksame Medikamente extrem teuer sind, erklärt Jamie Love das Problem. Entweder weil sie die Medikamente nicht bekommen oder weil die Kosten erdrückend sind. Bei Corona käme noch hinzu, dass Leute ihre Jobs verlieren, manchmal sogar ihre Häuser. Wie lange dieser Zustand anhalte, hinge davon ab, wie schnell Tests, Medikamente und Impfstoffe zur Verfügung stehen würden; ob sie bezahlbar seien und ob Menschen auf der ganzen Welt sie erhalten können. Patente und Schutzrechte, so Love, würden dabei im Weg stehen.

Von Enteignung halten die beiden nichts. Stattdessen haben sie gemeinsam mit Costa Rica und der WHO einen anderen Vorschlag ausgearbeitet: »Jede Institution, die Forschung finanziert, soll in ihre Verträge für Forschung zu Corona eine Option eintragen, dass die Rechte an allen Ergebnissen in einen weltweiten Pool unter dem Dach der WHO einfließen. Firmen, die Patente halten, würden aufgefordert, dem Pool freiwillige Lizenzen zu erteilen. Mit dem Pool stünden die effizientesten Generika-Hersteller der Welt in Konkurrenz: Alle diese Firmen wollen einen Teil des enormen Volumens liefern, das jetzt nachgefragt wird. Und um sich Marktanteile zu sichern, senken sie die Preise – das muss ein Monopolist nie tun, weil niemand gegen ihn antreten darf. So würden wir uns einem günstigen Generika-Preis annähern: was es kostet, ein Medikament herzustellen, plus ein moderater Gewinn. Die Pharmakonzerne mit dem Patent bekämen eine Lizenzgebühr für jede weltweit hergestellte Dosis, sie verdienen dann also mit.«

Inzwischen wurde dieser Pool tatsächlich etabliert. Bisher teilt jedoch keiner der großen Impfstoffhersteller eigene Patente. Amnesty International hat die Bundesregierung dazu aufgerufen, ihre »Blockadehaltung zu einer temporären Patentfreigabe« zu stoppen und von BioNTech zu fordern, sich an dem Pool zu beteiligen. Schließlich ist dessen Forschung zu Corona-Impfstoffen überhaupt erst mit Millionen Euro Steuergeldern ermöglicht worden.[113]

Das Problem mit den Preisen für Impfstoffe ist bis heute nicht gelöst worden. Erste Erfolge gibt es dennoch: Ende 2021 hat der SCIC, Spaniens größte öffentliche Forschungseinrichtung, Lizenzen für einen Antikörpertest bereitgestellt. Und der US-Pharmakonzern Merck hat Lizenzen für ein Medikament zur Behandlung von Covid-19 geteilt. Verschiedene Hersteller dürfen das Medikament nun für insgesamt 105 Länder produzieren, darunter Afghanistan, Bangladesch, Eritrea und Somalia. Der Blick in die Vergangenheit ermöglicht uns eine neue Perspektive: Statt anzunehmen, dass wir gegen Pharmakonzerne nun mal keine Chance haben, wissen wir, dass es durchaus Wege geben kann, diese mächtigen Konzerne in die Enge zu treiben. Dass sie bisher bei Covid-19-Impfstoffen noch keinen Erfolg hatten, heißt nicht, dass sie nicht funktionieren. Auch bei der AIDS-Pandemie hat es Jahre gedauert, bis echte Fortschritte erzielt wurden. Und wir haben noch etwas gelernt: welche Schritte als Nächstes nötig sind, um das Problem in den Griff zu bekommen.

~

Wie sieht der Blick in die Vergangenheit bei unserem Beispiel mit der verkürzten Arbeitszeit aus? Wenn wir wissen, dass der Acht-Stunden-Arbeitstag auch irgendwann einmal eingeführt wurde (in Deutschland das erste Mal 1919, und nach einigen Umwälzungen wieder im Jahr 1960) und dass seine Einführung damals eine Errungenschaft der Arbeiterbewegung war, dass sie also bedeutete, »nur« noch 48 Stunden bei vollem Lohnausgleich arbeiten zu müssen, und wenn wir wissen, dass die Arbeiterbewegung für diese Forderung mehr als 90 Jahre lang gekämpft hat,[114] dann kann uns das helfen, daran zu glauben, dass der Acht-Stunden-Arbeitstag nicht zwangsläufig bis in alle Ewigkeit existieren muss. Dass die Menschen kommender Generationen vielleicht nicht mehr einen Großteil ihrer Lebenszeit mit Geldverdienen verbringen müssen.

Wenn wir sehen, dass die Arbeiterbewegung es schon einmal geschafft hat, eine Verkürzung der Arbeitszeit durchzusetzen (und zwar von teilweise 15 Stunden auf acht Stunden täglich – also weitaus drastischer, als es beispielsweise eine Kürzung von einer Fünf- auf eine Viertagewoche wäre) und wenn wir sehen, dass damals zusätzlich zur Verkürzung der Arbeitszeit auch eine Verlängerung der Urlaubszeit um mehrere Wochen erkämpft worden ist, dann kann uns das Mut machen, dass eine ähnlich große Veränderung noch einmal gelingen kann und dass es sich deshalb lohnt, sich für sie einzusetzen.

Zusätzlich können wir uns die einzelnen Schritte anschauen, die damals zur Verringerung der Arbeitszeit geführt haben, und überlegen, welche davon auch heute wirksam sein könnten: Streiks, Verhandlungen mit Gewerkschaften, eine breite Unterstützung des Anliegens durch möglichst viele Angestellte, einzelne Unternehmen, die vorausgehen und testen, wie sich die verkürzte Arbeitszeit auf die Produktivität auswirkt. Der Blick in die Vergangenheit kann uns helfen, unsere Zukunft zu verändern.

Die US-amerikanische Arbeiterbewegung hatte im 19. Jahrhundert für ihren Kampf um mehr Freizeit ein eigenes Lied. Darin hieß es: »Nie eine Stunde zum Nachdenken. Wir wollen den Sonnenschein fühlen; wir wollen die Blume riechen.«[115] Auch in unserer Zeit gibt es viele Menschen, die sich mit diesem Wunsch identifizieren können: knapp zwei Drittel aller Deutschen fühlen sich beruflich gestresst.[116] Was wäre, wenn sie alle darüber informiert wären, dass eine Reduzierung der Arbeitszeit schon einmal erreicht worden ist – und zwar in einem Ausmaß, das jahrzehntelang vollkommen unmöglich erschien? Was wäre, wenn sie alle, oder auch nur ein Großteil von ihnen sich dafür einsetzen würden, dass eine derartige Umwälzung noch einmal passiert? Wie viel Kraft steckt in uns, von der wir noch nichts wissen – ganz einfach, weil uns die entscheidenden Infos fehlen?

An Vorbildern orientieren

Zwei Fragen für die Suche nach unserem X haben wir nun schon kennengelernt: Wie wurde mein Problem an einem anderen Ort gelöst? Welche Lösungen wurden in der Vergangenheit gefunden? Eine dritte Frage, die wir uns stellen können, ist, ob es bereits Leute gibt, die für die Beseitigung unseres Problems kämpfen. Welche Erfahrungen haben sie gemacht? Welche Schritte haben sie weitergebracht, welche führten ins Nichts? Welche Schlüsse haben sie daraus gezogen? Oft entgeht uns Expertise zu bestimmten Themen, weil wir nicht mit den richtigen Menschen sprechen. Weil wir nicht den Erfahrensten zuhören, sondern denjenigen, die am meisten Macht oder Einfluss haben. Doch häufig sind es nicht Politiker*innen, die sich am besten mit einer Sache auskennen, sondern Menschen von nebenan; zum Beispiel, weil sie konkret von einem Problem betroffen sind.

Bei unserem Beispiel mit der Abschaffung des Acht-Stunden-Tages würden wir herausfinden, dass die IG Metall bereits seit längerem die Einführung einer Vier-Tage-Woche fordert. Zudem gibt es einzelne Unternehmen, die unabhängig von Verhandlungen über Tarifverträge schon eine verkürzte Arbeitszeit bei gleichem Lohn eingeführt haben und damit erfolgreich sind.[117] In beiden Fällen können wir von unseren Gesprächspartner*innen erfahren, welche Schritte als Nächstes möglich sind, um das Ziel »verkürzte Arbeitszeit« zu erreichen. Lasse Rheingans, Geschäftsführer einer Consulting-Agentur, startete 2017 das Experiment einer 25-Stunden-Woche – nachdem er sich jahrelang zwischen Familie und Arbeitsleben zerrieben hatte. »Es arbeitet doch niemand acht Stunden im Büro«, sagt er gegenüber dem Handelsblatt und meint: Wenn wir unsere Arbeitszeit verkürzen wollen, ist ein erster Schritt, die Zeit im Büro effektiver zu nutzen. So jedenfalls habe es bei Rheingans funktioniert. Meetings dauern inzwischen nicht länger als 15 Minuten und auch andere Zeitfresser wurden verbannt. Etwas Umstrukturierung war also nötig. Je besser die Aufgaben zu den Fähigkeiten und Talenten der Mitarbeiter*innen passten, desto einfacher sei es, sie auch in kurzer Zeit zu erledigen. »Mehr vom Richtigen, weniger vom Falschen«, fasst der Unternehmer die verschiedenen Schritte zusammen. Das Prinzip habe gut funktioniert. Mitarbeiter*innen wurden kreativer und noch dazu glücklicher.[118]

Bei dem Problem, dass Deutschland es schaffen muss, bis 2035 klimaneutral zu werden, um das 1,5 Grad Ziel zu erreichen, können wir von denjenigen lernen, die sich seit Jahren für eine solche Politik einsetzen. Luisa Neubauer von *Fridays For Future* beispielsweise fordert Redaktionen in Deutschland dazu auf, ein eigenes Klimaressort zu gründen. Zum einen, um deutlich zu machen, wie dringend das Problem und die Notwendigkeit zu handeln sind, zum anderen, um Leser*innen besser über wissenschaftliche Zusammenhänge und notwendige Maßnahmen zu informieren. Bisher, so Neubauers Kritik, werde vor allem über dramatische Einzelereignisse berichtet: Waldbrände in Griechenland, Jahrhunderthochwasser in Deutschland, eine riesige Demonstration in Berlin. »Jeden Tag werden die knapp zehn Millionen Zuschauer*innen der Tagesschau von einem Profi über den Tag an der Börse informiert, die sich für die meisten anfühlt wie eine Parallelwelt. Der Zustand unserer Lebensgrundlagen hingegen findet nur Erwähnung, wenn etwa ein Auslandskorrespondent einige Minuten über eine katastrophale Überschwemmung sprechen darf.«[119] Ein umfassendes Verständnis der Krise entstehe so nicht, weder bei Leser*innen noch bei Journalist*innen. Klimaressorts könnten also auf beiden Seiten zu mehr Expertise beitragen. Die Notwendigkeit dafür unterstreicht auch Wolfgang Blau, früherer Chefredakteur von *ZEIT ONLINE*, der auch als Chef für die Digitalstrategie beim *Guardian* und als Auslandschef des Medienkonzern Condé Nast gearbeitet hat. In all diesen Positionen habe er Schwierigkeiten gehabt, qualifizierte Klimakrisenjournalist*innen zu rekrutieren, so Blau. Nicht nur wissenschaftliche Expertise sei wichtig, sondern auch Kenntnisse über politische Prozesse und darüber, wie struktureller Wandel funktioniert.[120]

Genauso können wir unser X bei denjenigen suchen, die sich dafür einsetzen, dass ihre jeweilige Stadt klimaneutral wird, losgelöst vom bisher schleppenden Handeln der Bundesregierung. Am 2. Mai 2019 rief Konstanz als erste Stadt Deutschlands den Klimanotstand aus. Noch im gleichen Monat folgten elf weitere Städte, bis Ende des Jahres waren es 69, darunter Großstädte wie München und Berlin. Sie alle haben sich zum Ziel gesetzt, bis 2035 klimaneutral zu werden, manche sogar noch früher.

Erlangen beispielsweise hat sich das Jahr 2030 vorgenommen und bereits mehr als 50 Sofortmaßnahmen beschlossen. Unterstützung gibt es von einem Expert*innengremium, dem sogenannten Nachhaltigkeitsbeirat, und, so ist die Hoffnung, aus der Bevölkerung selbst. Über ein Förderprogramm werden jedes Jahr 65.000 Euro für Klimaschutzprojekte von Bürger*innen vergeben. Wer Bäume pflanzen will, kann zusätzlich Geld beantragen – bis zu 5.000 Euro pro Projekt. Die Stadt ruft ausdrücklich dazu auf, Fassaden, Dächer, Innenhöfe, Stellplätze zu begrünen, nicht nur zu Hause, sondern auch am Arbeitsplatz. Dafür stellt sie detaillierte Informationen bereit, bis hin zu einzelnen Pflanzen und wofür sie geeignet sind. Diejenigen, die keinen Garten haben, können Patenschaften für Bäume im öffentlichen Raum übernehmen. Über einen Baumradar können online Standorte für neue Bäume vorgeschlagen werden. Alle, die ihr Haus sanieren oder ein neues bauen wollen, können sich kostenlos beraten lassen. Der sogenannte Solarpotenzialkataster zeigt Bürger*innen mit wenigen Klicks online, ob sich eine Photovoltaik-Anlage auf ihrem Dach lohnt und wie stark die jeweilige Sonneneinstrahlung an einem Standort ist.[121]

Verkehrsberuhigte Zonen sollen erweitert werden, ebenso das Car-Sharing Angebot. Bis 2025 sollen mindestens 6.100 Abstellplätze für Fahrräder gebaut werden. Der Kauf von Lastenfahrrädern und Fahrradanhängern wird subventioniert, elektrische

Transportleihräder können kostenlos und online für mehrere Tage am Stück ausgeliehen werden. 40 Ladestellen für Elektroautos wurden installiert, in den nächsten Jahren soll diese Zahl nach Bedarf steigen. Das städtische Bussystem soll auf Elektrofahrzeuge umgestellt werden, die Stadtwerke vollständig zu Ökostrom wechseln. Umweltbildung in Schulen und Kitas soll verstärkt werden, mit Fortbildungen, Freizeitangeboten und praktischen Workshops auf dem sogenannten Zukunfts-Acker. Erneuerbare Energien sollen massiv ausgebaut werden, vor allem durch Wind- und Wasserkraft außerhalb des Stadtgebietes.[122]

Zudem hat die Stadt ein Klimagutachten in Auftrag gegeben. Ergebnis: Erlangen muss seine jährliche CO2-Reduktionsrate von 1,25 Prozent auf 11,74 Prozent erhöhen, also knapp verzehnfachen. Nur dann kann das Ziel erreicht werden. Ob das tatsächlich gelingt, wissen wir erst 2030. Aber schon jetzt können wir anhand der Erfahrungen vor Ort sehen, welche umfassenden Maßnahmen nötig sind, um den Umstieg zu schaffen, und mit welchen ersten Schritten wir beginnen könnten.

Wahrscheinlich haben Sie es längst bemerkt: Für die Suche nach dem X müssen Sie kein*e Journalist*in sein. Alle Informationen, die wir bisher diskutiert haben, wurden längst veröffentlicht. Nur landen sie nicht im Newsticker und nicht in den Nachrichten und weil wir generell nicht gewohnt sind, nach Lösungen zu suchen, haben die meisten von uns sie wohl schlichtweg übersehen. Bei der Suche nach dem X geht es nicht immer darum, neue Realitäten oder Fakten zu schaffen. Oft geht es darum, dass wir Fakten sichtbar machen, die schon längst da sind. Dass wir die Welt nicht nur mit unserem negativ fokussierenden, sondern mit beiden Augen betrachten.

~

Bei manchen Fragen liegt unser erhoffter Idealzustand so weit in der Zukunft, dass wir auch unser X in der Zukunft suchen müssen – nämlich dann, wenn die Lösungen noch nicht vorhanden sind, nicht bei uns, nicht an einem anderen Ort, nicht in der Vergangenheit und nicht bei denjenigen, die direkt betroffen sind oder sich aus einem anderen Grund engagieren. In diesen Fällen können wir mit denjenigen Menschen sprechen, deren Job es ist, in die Zukunft zu schauen. Wir können Wissenschaftler*innen fragen – oder ihre Studien lesen.

Meine Seminare beginnen immer mit einer Runde, bei der die Teilnehmenden ihr Problem präsentieren – um dann in den darauffolgenden Tagen oder Stunden ein für sie passendes X zu finden. Einmal, im Sommer, die Fenster des Seminarraums standen offen, sagte ein teilnehmender Journalist in der Runde: »Wenn ihr mein Problem hören wollt, müssen wir nur kurz aufhören zu reden.« Wir schwiegen und hörten draußen auf der Straße ein paar Autos vorbeifahren. »Dieser Lärm«, sagte der Journalist, »ist mein Problem. Egal, wo ich mich in der Stadt aufhalte – ich höre die Autos überall.« Den passenden Idealzustand fand er schnell: Eine Stadt, in der kein Auto zu hören war – weil es fast keine mehr gab und die wenigen übrigen elektrisch betrieben würden.

Das X dahin war schon schwieriger. Beim gemeinsamen Brainstormen fielen uns allerhand Maßnahmen und Projekte ein, die den Autolärm verringern würden, eine erweiterte Fußgängerzone, verbesserter kostenloser öffentlicher Nahverkehr mit höherer Taktung, Elektromotoren und weiterem Netz; verbesserte Radwege. Aber eine Lösung, wie die Stadt tatsächlich komplett autofrei werden würde – und an die wir tatsächlich glauben konnten –, fiel uns nicht ein.

Irgendwann erzählte der Teilnehmer, dass er in ein paar Tagen mit einem dänischen Spezialisten für genau diese Frage verabredet sei. Bis zu unserem Seminar hatte er geplant, ihn zu fragen, welche Fehler die Stadtverwaltung in ihrer Verkehrsplanung machte und was die Auswirkungen seien. Jetzt kamen wir auf eine andere Idee: Der Journalist würde gemeinsam mit dem Forscher durch die Stadt spazieren und sich dabei erklären lassen, wie die perfekte autofreie Stadt aussehen würde, ganz konkret, Straße für Straße, Ort für Ort. Der Forscher würde dabei nicht nur erklären, wie die autofreie Version der Realität aussehen sollte. Er würde auch erklären, welche konkreten Schritte nötig wären, um sie herbeizuführen, wie teuer sie wären und für wie realistisch er ihre jeweilige Umsetzung hielt.

Der Journalist würde den gemeinsamen Spaziergang aufnehmen, als ersten Teil eines Radiobeitrags. Für den anderen Teil des Beitrags würde er mit den verantwortlichen Politiker*innen vor Ort sprechen und sie fragen, welche der am einfachsten umzusetzenden Maßnahmen möglich seien, in welchem Zeitraum sie durchgeführt und auf welchem Weg die dafür nötigen Gelder beschafft werden könnten. Beides zusammen würde dann den fertigen, vollständigen, kritisch-konstruktiven Radiobeitrag ergeben: Der Journalist würde nicht nur das Problem beschreiben, sondern auch eine Perspektive, wie wir damit umgehen können. Mit anderen Worten: Scheiße plus X.

Recherchen dieser Art sind aufwendiger, als nur das Problem zu benennen. Das lässt sich nicht schönreden. Aber sie sind es wert. Weil sie nicht nur Bedrohungen und Gefahren vermitteln, sondern auch Wissen darüber, wie wir uns gegen diese Bedrohungen wappnen können.

Perspektivwechsel

In manchen Fällen finden wir das X, indem wir eine grundlegend andere Frage stellen. Wir haben das schon bei meinem Schneckenbeispiel gesehen. Wenn ich keinen Weg finde, die Schnecken friedlich zu beseitigen, kann ein anderer Weg sein, zu akzeptieren, dass sie nun mal da sind. Ich ändere die Frage also von: »Wie kann ich die Schnecken in meinem Garten beseitigen?« zu »Wie kann ich meinen Ärger über die Schnecken beseitigen?«

Ein anderes Beispiel habe ich erlebt, als ich mit einer 18-jährigen Freundin von mir einen vierteiligen Dokumentarfilm über 40 Jahre Krieg in Afghanistan angeschaut habe. Die Freundin stammt aus Afghanistan, sie selbst ist als Jugendliche und ohne ihre Eltern nach Deutschland gekommen. Jeder Teil des Films behandelte ein Jahrzehnt. Der Teil, den wir sahen, ging von 1980 bis 1990 – lange bevor meine Freundin überhaupt geboren worden war. Der Film beleuchtete den Konflikt von allen Seiten. Prominente Zeitzeug*innen wurden interviewt: Kriegsbeteiligte, Kriegsverbrecher*innen, Diplomat*innen, Politiker*innen. Dazwischen war gut sortiertes und aufwendig recherchiertes Archivmaterial zu sehen. Manche der Bilder waren noch nie zuvor veröffentlicht worden.

Der Film war professionell produziert und spannend erzählt. Wegen der neuen Archivaufnahmen und wegen der prominenten Interviewgäste erregte er einigermaßen viel Aufsehen. So kamen wir überhaupt erst dazu, ihn zu sehen. Noch bevor der Film zu Ende war, begann meine Freundin zu weinen und eine ganze Zeitlang lang hörte sie nicht mehr damit auf. Irgendwann sagte sie: wenn in meinem Land immer nur Krieg ist, was hat das dann alles für einen Sinn? Ich nahm sie in den Arm und versuchte zu trösten, aber so richtig gelang es mir nicht. Seither denke ich, wie schön es wäre, einen Dokumentarfilm zu drehen über 40 Jahre Friedensbemühungen in Afghanistan. Dass sie schlussendlich nicht erfolgreich waren, bedeutet nicht, dass es sie nicht gegeben hat. Dass sie nicht zum Frieden geführt haben, bedeutet nicht, dass wir nicht über sie berichten und von ihnen lernen können. Was macht es mit uns, als Menschheit, wenn wir so oft nur die Geschichten der Erfolgreichen, der Mächtigen, der Sieger*innen erzählen?

Natürlich ist der Fokus auf den Krieg die offensichtlichere Geschichte und aus meiner Sicht auch die, die leichter zu recherchieren ist. Aber ist es auch die Perspektive, die uns gesellschaftlich und menschlich weiterbringt? Muss ich die Geschichte eines Krieges unbedingt von denen erzählen lassen, die ihn geführt haben? Wäre es nicht besser, denjenigen zuzuhören, die alles versucht hatten, um ihn zu verhindern? Von wem können wir mehr lernen: Von Warlords und Kriegsverbrecher*innen, die erklären, warum und wie sie ihre Taten begangen haben, oder von Friedensaktivist*innen, die erklären, welche Schritte funktioniert haben, um dem Frieden etwas näher zu kommen? Die uns sagen können, was es bräuchte, damit noch mehr dieser Schritte möglich werden? Was macht es mit unseren politischen Zielrichtungen und Bemühungen, wenn wir immer wieder vor allem der Perspektive von Gewalt, Krieg und Zerstörung zuhören?

Wenn wir auf der Suche nach dem X feststecken, kann es daran liegen, dass die Frage, die wir uns stellen, in sich selbst destruktiv ist. In so einem Fall kann es helfen, uns gedanklich einmal komplett umzudrehen und schon bei unserem Ausgangspunkt eine konstruktivere Haltung einzunehmen.

Bei einem Seminar, das ich für geistliche Führungskräfte hielt mit Vertreter*innen aller großen Religionen erzählte ein evangelischer Pfarrer, dass er das Gefühl habe, seine Religion fuße geradezu auf dem Modell, das Negative in den Vordergrund zu stellen. Nach dem

Motto: Wenn die Erlösung erst im Himmel auf uns wartet, dann darf es uns auf Erden ja gar nicht zu gut gehen. Der Pfarrer beschrieb, dass er Schwierigkeiten habe, sich innerhalb seiner Arbeit in der Gemeinde einen Wechsel auf konstruktives Denken vorzustellen – obwohl er es wichtig fände und obwohl er selbst beim Zuhören eine große Sehnsucht danach gespürt habe. Er sehe einfach nicht, wie konstruktives Erzählen innerhalb seiner Religion und der Thesen, die sie begründen, möglich sein könnte.

Gemeinsam überlegten und sprachen wir eine Weile. Irgendwann kamen wir auf die Idee, dass eine Gemeinde und die darin bestehende Community im Grunde genommen der perfekte Ort sind, um sich die Frage nach dem X – und wie es mit der evangelischen Religion zu vereinbaren ist – gemeinsam zu stellen. Nicht indem ein erhabener Mann von der Kanzel neue Lösungen predigt, sondern indem er offen, ehrlich und verletzbar sein Problem schildert: den Fokus aufs Negative und den Wunsch, in der Gemeinde einen anderen Weg einzuschlagen.

Gemeinsam stellten wir uns vor, wie aus Predigten Gespräche werden würden, lebendige Diskussionen, und konkrete Schritte, die dazu führen könnten, dass eine ganze Gemeinde zusammen einen kritisch-konstruktiven Weg einschlägt. Wir stellten uns vor, wie Gemeindemitglieder Woche für Woche in der Kirche von ihrer Suche nach dem X erzählen würden. Wie sie sich austauschen, sich gegenseitig zuhören und voneinander lernen würden, wie sie Erfolgserlebnisse und Frustmomente teilen würden und dass allein diese Erfahrungen und das Gefühl dabei schon ein erstes X sein könnten; ein erstes Mittel gegen viel zu viel Negativität.

~

Die Formel Scheiße plus X ist denkbar einfach. Die Regeln, mit denen wir ein X suchen können, auch. Trotzdem habe ich die Erfahrung gemacht, dass es etwas dauert, bis wir die Prinzipien unserer neuen Formel im Alltag verinnerlicht haben. Wir dürfen geduldig mit uns sein. Jedes Mal, wenn wir das X überhaupt suchen, ist das schon ein riesiger Schritt, der unausweichlich Veränderungen anschubst. Ärgern wir uns also nicht über Rückfälle. Es ist ganz natürlich, dass wir immer wieder aufs Negative fokussieren. Unsere Gehirne sind es so gewohnt, und unser Umfeld trägt einiges dazu bei, diese Gewohnheit am Leben zu erhalten.

Jede Veränderung beginnt bei uns selbst

Als ich vor fast zehn Jahren angefangen habe, mich damit zu beschäftigen, wie ich Geschichten so erzählen kann, dass sie Mut machen, verschob sich mein Fokus aufs Negative aus meinem Berufsleben ins Private. Je mehr ich in meinen Geschichten darauf achtete, nicht ausschließlich Negatives zu berichten, desto mehr begann ich, bei meinen Freund*innen und bei meiner Familie über den Zustand der Welt zu schimpfen. Statt einen tatsächlichen Ausweg für meinen Umgang mit Missständen und Ungerechtigkeit zu finden, hatte ich nur ein neues Ventil angeschraubt. Während in meinen Texten die Probleme nicht mehr alleine standen, stapelten sie sich in meinem eigenen Leben so hoch wie nie zuvor. Genauso in Gesprächen, die ich mit anderen führte.

Irgendwann bemerkte ich die Verschiebung und begann, auch in meinem eigenen Leben nach dem X Ausschau zu halten. Je besser ich darin wurde, desto mehr regte ich mich auf über Leute, die das nicht machten – und wieder dauerte es eine Weile, bis ich merkte, dass meine Aufregung über diese Leute auch wieder nur ein Ersatzventil war und dass meine Genervtheit kein bisschen dazu beitrug, die Dinge zum Besseren zu verändern.

Bis heute passiert es mir, dass ich von all den Dingen, die mir passieren, vor allem die negativen weitererzähle – obwohl ich schon so lange trainiere, es anders zu machen. Aber jedes Mal, wenn es mir gelingt, merke ich, wie sich die Atmosphäre, die Inhalte und die Art, wie wir miteinander sprechen, verändern. Dann freue ich mich und erinnere mich daran, dass Veränderung eben Zeit braucht, Ausdauer und Geduld.

Sogar bei diesem Buch gab es Momente, in denen ich in die Negativfalle getappt bin. Im ersten Entwurf der Kapitel hatte ich vorgesehen, einen Tag lang nonstop negative Nachrichten zu konsumieren, um noch einmal, in voller Breite zu verdeutlichen, wie sehr sie unseren Blick auf die Welt prägen. Während des Schreibens habe ich mich dann dagegen entschieden. Etwas in mir sträubte sich einfach dagegen, ein Buch, das vom konstruktiven Geschichtenerzählen handelt, mit einem Negativ-Gewitter zu beginnen.

Und auch beim Schreiben selbst verirrte ich mich hin und wieder. An manchen Tagen, besonders wenn ich hungrig, müde oder sonst irgendwie schlecht drauf war, dachte ich, das Schreiben gehe niemals zu Ende. Es wird kein gutes Buch und ohnehin ist sowieso schon alles gesagt zu diesem Thema. Überhaupt: Bücher – wer braucht so was heute noch?

Wenn ich die Sätze jetzt vor mir sehe, muss ich schmunzeln, so absurd wirken meine Gedanken auf mich. In den jeweiligen Momenten jedoch kamen sie mir extrem real vor. So ist das eben, wenn die Negativfalle über uns zugeschnappt hat und wir alleine im Dunkeln sitzen.

Mir hilft in solchen Momenten, mich darauf zu konzentrieren, was ich schon alles erreicht habe. Anstatt darauf zu fokussieren, was mir noch fehlt, versuche ich, mir vor Augen zu führen, was schon da ist. Seiten, die ich schon gefüllt habe; Gedanken, die ich formuliert habe; Stichworte und Zitate, die ich notiert habe; und noch vor dem ersten Wort: Ideen, die nur in meinem Kopf lebten und über die ich mich mit anderen ausgetauscht habe; Bücher, die ich gelesen, und Erfahrungen, die ich gesammelt habe; sobald ich es schaffe, mich daran zu erinnern, kommen die Sätze von allein.

Am Ende meines ersten Seminars in Linz bat ich die Teilnehmenden in einer kurzen Runde zu erzählen, was das Seminar für sie verändert hatte, wie sie sich jetzt fühlten und was sie sich als ersten Schritt zur Veränderung vornehmen würden. Gegen Ende der Runde sagte eine Teilnehmerin, die auch als Journalistin arbeitete: »Ich ärgere mich gerade, dass ich es bei so vielen Geschichten verpasst habe, nach dem X zu suchen.« Kaum hatte sie den Satz zu Ende gesprochen, musste sie lachen. Dann sagte sie: »Und ich freu mich total, ab jetzt nach dem X zu suchen.«

- Schauen Sie noch einmal auf Ihre Liste mit den Problemen und Idealzuständen. Suchen Sie nun passende X. Schreiben Sie auf, was Ihnen in den Sinn kommt. Wenn Sie mögen, können Sie sich ein bestimmtes Zeitlimit setzen, zum Beispiel zehn Minuten oder eine Stunde. Oder Sie nehmen sich vor, über den Tag, oder die ganze Woche verteilt, immer wieder mit anderen Menschen über ein mögliches X zu reden. Oft kommen uns die besten Ideen bei einem Gespräch.

- Wenn Sie einige X gefunden haben, lesen Sie Ihre Liste noch einmal durch. Hat sich Ihr Gefühl in Bezug auf Ihre Probleme verändert? Versuchen Sie, ein X in die Tat umzusetzen. Falls Sie sich nicht entscheiden können, oder Ihnen der Mut zum Anfangen fehlt, lesen Sie Ihre Liste einfach immer wieder einmal in Ruhe durch, so lange bis Sie einen Impuls zum Handeln verspüren.

- Feiern Sie Ihre Erfolge. Legen Sie sich eine Liste an, auf der Sie jede erfolgreiche Suche nach dem X notieren. Egal, ob es Stichpunkte zu Fakten sind, die Sie neu erfahren, oder konkrete Handlungen, die Sie unternommen haben: Alles zählt. Die Liste hilft Ihnen, bei der Suche motiviert zu bleiben. Und sie hilft, wenn die Negativitätsfalle das nächste Mal über Ihnen zuschnappt.

**Without the cloud
there can be no rain;
without water,
the trees cannot grow;
and without trees,
you cannot make paper.
So the cloud is in here.
The existence of this page
is dependent upon
the existence of a cloud.**

THÍCH NHẤT HẠNH

SECHS: NEUE GESCHICHTEN, NEUE WEGE

Als ich schon einige Monate an diesem Buch geschrieben habe, wurde bei einer guten Freundin ein Hirntumor gefunden. Die Freundin heißt Caroline und lebt in Spanien. Sie war damals 70 Jahre alt. Das Jahr zuvor hatte sie damit verbracht, gegen einen Tumor an ihrer Hüfte zu kämpfen. Sie hatte Chemotherapie bekommen, all ihre Haare verloren, sie hatte Tage und Wochen im Krankenhaus verbracht, Schmerzen gehabt und sich miserabel gefühlt. Am Ende aber hatte es so ausgesehen, als hätte sie gewonnen. Die Chemotherapie hatte den Tumor zurückgedrängt. Er war klein genug geworden, um mit einer Operation entfernt werden zu können, genau wie es die behandelnden Ärzt*innen gehofft hatten.

Caroline war – so dachte sie, so dachten wir alle – wieder gesund. Dann kamen Kopfschmerzen, Sehbeschwerden, Erinnerungslücken. Bei Untersuchungen im Krankenhaus wurde eine Gehirnblutung festgestellt und der neue Tumor entdeckt. Plötzlich war klar: das Leben, in das sich Caroline so mühsam und dringlich zurückgekämpft hatte, es würde enden. Vielleicht noch ein paar Tage, vielleicht noch ein paar Wochen. Mehr wusste sie nicht. Lieber Qualität als Quantität entschied sie, als Ärzt*innen ihr sagten, dass eine Chemotherapie ihren Gehirntumor nicht heilen könnte. Ein paar

Tage nach der Diagnose erzählte Carolines Sohn, er schaffe es gar nicht richtig, verzweifelt zu sein. Seine Mutter gehe so stark und positiv mit der Situation um, dass er vor allem glücklich sei für die Zeit, die sie noch zusammen verbringen konnten.

Caroline entschied, noch einmal alle Menschen einzuladen, die ihr am Herzen lagen – »for a celebration, a party, a farewell, a what?«, schrieb sie, an uns und viele andere. Ihre Geschwister, ihr Sohn, ihre Schwiegertochter, ihre Enkelin reisten aus England und Frankreich an. Andere Freund*innen aus Schottland und den USA. Und natürlich kamen auch die Menschen aus ihrem Dorf. Mehrere Wochen lang gingen die Leute ein und aus im Haus unserer Freundin. Zwei Mal am Tag kam Caroline zum Essen an den langen Tisch auf der schattigen Terrasse, dazwischen lag sie in ihrem Bett im Wohnzimmer und löcherte die Besucher*innen mit Fragen. Was passiert gerade in deinem Leben? Wie geht es eurem Sohn? Wie hast du deine neue Partnerin kennengelernt? Was passiert gerade politisch in deinem Land? Sie las ihrer Enkelin Geschichten vor, sang stundenlang mit einer befreundeten Musikerin und strickte an einer Jacke für die Enkelin ihrer engsten Freundin. Deren Geburtstermin war noch Monate entfernt. »Ich werd die Jacke natürlich nicht mehr fertig stricken«, sagte sie, »aber das kann meine Freundin dann ja weitermachen.« Während der gesamten Zeit hatte sie starke Schmerzen und immer wieder Halluzinationen. Trotzdem strahlte Caroline, wenn sie sich mit jemandem unterhielt. Sie scherzte und nahm sich Zeit für jede einzelne Person, die zu Besuch kam.

Sie sieht überhaupt nicht aus wie jemand, die stirbt, dachte ich immer wieder. Manchmal fiel es mir sogar schwer, ihre Diagnose aus vollem Herzen zu glauben. Ihr Verhalten, ihre Körpersprache und ihr Blick waren so anders als alles, was ich bisher von Sterbenden erfahren und erlebt hatte.

Soweit ich es aus unseren Gesprächen beurteilen kann, war Caroline nicht einverstanden mit ihrem Schicksal. Sie wollte leben; je schöner die Tage wurden, umso mehr – jedenfalls war das mein Eindruck. Sie hatte nicht aufgegeben, sie hatte nicht resigniert. Sie war traurig und erschöpft und trotzdem gelang es ihr, beinahe durchgehend, das Schöne und Positive an ihrer Situation zu sehen.

Irgendwie schaffte sie es, die Zeit, die ihr noch blieb, zum Besten zu wenden. Und nicht nur das. Auch die Menschen, die sie besuchten, konnte sie auf diese Art beschenken. Manche von ihnen hatten sich seit zehn Jahren nicht mehr gesehen, andere noch nie. So wurden in den Wochen des Abschieds nicht nur alte Freundschaften belebt, sondern auch neue geknüpft. Als ich Caroline in einem ruhigen Moment davon erzählte und ihr sagte, wie dankbar ich dafür sei, sagte sie: das hier, das war nur das erste Treffen von vielen, die noch für euch kommen werden.

Es war nur ein kurzer Moment, aber auf einmal hatte ich das Gefühl, dass es kein Zufall war, dass wir alle nach einem Jahr Pandemie und freundschaftlichen Fernbeziehungen nun zusammen an einem Fleck waren. Auf einmal hatte ich das Gefühl, dass das vielleicht so etwas wie Carolines Vermächtnis war: Freundschaften und Verbindungen, die ohne sie – und ohne ihren bevorstehenden Tod – nicht zustande gekommen wären. Der Tod unserer Freundin wurde dadurch nicht weniger tragisch oder traurig. Im Gegenteil: Je vertrauter, liebevoller und gelöster die Zeit war, die wir zusammen verbrachten, desto stärker spürte ich den Schmerz über den bevorstehenden Verlust. Fast jeden Tag gab es einen Moment, an dem ich mich in eine ruhige Ecke des Grundstücks verzog, um eine Weile zu weinen, und ich glaube, so ging es allen.

Das Schöne, das ihr Sterben mit sich brachte, stand in keinem Verhältnis zu der Trauer, die es auslöste. Und trotzdem half es, um den Tod irgendwie, in all seiner Brutalität, in seiner Willkür zu akzeptieren und ihn als das zu sehen, was er ist: ein Teil unseres Lebens.

Es wäre einfach gewesen, Gründe zu finden, warum wir nicht nach Spanien hätten fliegen können. Andalusien, die Region, in der unsere Freundin lebte, war ein Risikogebiet, wir hatten Termine, Verpflichtungen, oder wie Caroline selbst es sagte: Ein Leben hält nicht automatisch an, nur weil ein anderes zum Ende kommt. Vielleicht wäre es leichter gewesen, den drohenden Tod zu verdrängen, wenn wir in Deutschland geblieben wären. Vielleicht hätten wir den Schmerz weniger deutlich gespürt. Ich bin sicher, es wäre uns schwerer gefallen, den Tod in seiner Grausamkeit zu akzeptieren. Und ich bin sicher, es wäre uns vollkommen unmöglich gewesen, ihm eine positive Seite abzugewinnen, und wenn sie noch so winzig ist.

Um das Gute zu sehen, hilft es nicht, die Augen vor dem Schlechten zu verschließen, davon bin ich überzeugt. Wir müssen beides anschauen, die Probleme und das X, um an den Schwierigkeiten, den Problemen und Ungerechtigkeiten um uns herum wachsen zu können.

~

Konstruktiver Journalismus bedeutet nicht, nur Positives zu berichten. Es bedeutet bloß, nicht *nur* über ein Problem zu berichten. Eigentlich ist es ja ganz logisch: Um von einem möglichen Ausweg erzählen zu können, müssen wir erst einmal das Problem verstehen. Es geht immer um beides: Probleme *und* mögliche Auswege. Nur so schaffen wir es, ein Thema von beiden Seiten zu beleuchten. Nur so schaffen wir es, unsere Welt zu sehen, wie sie ist.

Das gilt, ausdrücklich, für alle journalistischen Formen – von politischen Analysen über Kommentare bis zu Reportagen und investigativen Recherchen. Wenn wir zeigen, dass es durchaus möglich wäre, ein bestimmtes Problem zu lösen, erhöhen wir den Druck auf die jeweils Zuständigen. Im Angesicht eines Missstands behaupten Verantwortliche oft, ein anderes Handeln sei schlicht nicht möglich – die Krise zu groß und zu überraschend, die Herausforderung unüberwindbar. Leider können wir nichts dagegen tun. Wenn es in Wirklichkeit heißen müsste: Leider wollen wir nichts dagegen tun. Wenn Sie das nächste Mal hören, dass Menschen in Machtpositionen sagen: Da sind uns die Hände gebunden. Seien Sie kritisch! Und wenn Sie die Möglichkeit dazu haben: Fragen Sie nach!

So hat beispielsweise die Tabakindustrie lange versucht, zu argumentieren, Luftverschmutzung existiere überall, unsere Lungen würden ohnehin komplett verschmutzt. Da ließe sich leider nichts machen.[123]

Auch bei der Klimakrise sei dieser Effekt zu beobachten, sagt Wolfgang Blau, Forschender am Reuters Institute. Genau diejenigen, die jahrelang versucht hatten, mit gezielten Falschinformationen zu behaupten, es gäbe überhaupt keinen Klimawandel, behaupten jetzt, die Krise sei so drastisch, dass man nun mal nichts dagegen tun könne.[124]

Indem wir mögliche Auswege aus einem Missstand recherchieren, berichten und diskutieren, können wir diese Narrative der Alternativlosigkeit durchbrechen. Machthabende mit konstruktiven Perspektiven zu konfrontieren ist ein wirksames Mittel, Verantwortung zurückzugeben an diejenigen, die sie tatsächlich innehaben.

Das wirkt sich auch auf die gesellschaftspolitische Debatte aus: Zeigen wir nur darauf, was schiefläuft, und suchen nach Schuldigen oder diskutieren und streiten wir auch über mögliche Lösungen? Langweiliger, weniger kontrovers, weniger leidenschaftlich wird die Debatte dadurch nicht: Schließlich gibt es nie nur eine Lösung.

Bessere Fragen, bessere Antworten

Während meiner Zeit in Kabul habe ich ein Buch geschrieben. Es heißt *Ausgerechnet Kabul* und ist 2015 erschienen. Bis heute werde ich damit zu Lesungen eingeladen und bei fast jeder Veranstaltung kommt irgendwann eine Frage, die in diese Richtung zielt: War der Einsatz der Bundeswehr schlecht oder gut? Ich verstehe die Frage, ich stelle sie mir selbst auch, und gleichzeitig kann ich sie nicht eindeutig beantworten. Obwohl ich extrem skeptisch gegenüber militärischen Einsätzen egal welcher Art bin und nicht an das Konzept glaube, dass eine Nation es sich zur Aufgabe machen sollte, eine andere zu »retten« – in den allermeisten Fällen eher: sie zu unterdrücken und für eigene Zwecke auszubeuten –, ist es mir dennoch unmöglich zu sagen, der Einsatz der Bundeswehr und ein paar Dutzend anderer Nationen in Afghanistan sei ausschließlich schlecht gewesen. Einfach, weil ich nicht wissen kann, wie sich die Situation ohne den Einsatz entwickelt hätte.

Was ich sagen kann, ist, dass die wenigen und vagen Ziele, die sich die Bundesregierung vor dem Einsatz gesetzt hat, nicht erreicht worden sind, dass deutsche Soldat*innen und noch viel viel viel mehr Afghan*innen aufgrund des Einsatzes der NATO gestorben sind und dass die Taliban nach dem Abzug der westlichen Truppen 2021 mächtiger geworden sind als je zuvor. Aber wie viele Menschen wären gestorben, wenn der Einsatz nicht stattgefunden hätte? Das wissen wir nicht. Niemand kann das wissen.

Verstehen Sie mich nicht falsch: Ich will nicht sagen: Ist doch egal, ob die Bundeswehr in Afghanistan ist oder nicht. Ich will genau das Gegenteil sagen: Wir machen es uns zu einfach, wenn wir sagen, etwas ist gut oder etwas ist schlecht – das gilt für den Einsatz der Bundeswehr genauso wie für die allermeisten politischen Fragen. Aber wir können uns dieser Frage annähern: Wir können recherchieren, welche Fehler gemacht wurden, wodurch sie entstanden sind und wie sie in Zukunft vermieden werden können. Wir können von Politiker*innen konkrete, überprüfbare Ziele als Bedingung für einen militärischen Einsatz fordern, und dann Jahr für Jahr kontrollieren, inwiefern diese Ziele erreicht worden sind – und ob der jeweilige »Erfolg« das jeweilige Maß an Gewalt weiter rechtfertigt. Wir können überprüfen, ob die Gelder, die während des Einsatzes verwendet worden sind, effizient gewirkt haben. Ob sie verschwendet, für Korruption oder für unnötige Sicherheitsmaßnahmen verwendet worden sind. Am Ende erst können wir wissen, ob der Einsatz richtig oder falsch war. Und unter welchen Bedingungen wir einem nächsten Einsatz in Zukunft zustimmen würden.

Dieser Weg ist komplizierter, als den Daumen für ein einfaches »gut« oder »schlecht« zu heben. Er erfordert Zeit, Geld, tiefgehende Recherchen über einen Zeitraum von zwanzig Jahren, einen offenen politischen Diskurs und die Bereitschaft, Fehler anzuerkennen, um dann aus ihnen zu lernen. Einige Länder, zum Beispiel Norwegen, sind diesen Weg gegangen. Deutschland bisher nicht. Bis heute gibt es keine umfassende Untersuchung des Einsatzes der Bundeswehr in Afghanistan. Bis heute müssen sich die meisten von uns, wenn wir uns dazu positionieren wollen, auf einzelne Fakten, zufällig aufgeschnappte Anekdoten und unsere Intuition verlassen – von der wir inzwischen wissen, dass sie eigentlich immer falschliegt. Afghanistan und der Einsatz der Bundeswehr sind nur ein Beispiel von vielen.

Je besser wir Bescheid wissen über Dinge, die funktionieren, desto besser können wir den Fokus eines Gesprächs, einer Diskussion, einer öffentlichen Debatte – und die daraus entstehenden Fakten – in diese Richtung lenken. Wenn ich zum Beispiel weiß, dass die norwegische Regierung bereits 2014 einen externen Ausschuss dazu beauftragt hat, eine unabhängige und kritische Analyse des norwegischen Afghanistan-Einsatzes zu erstellen, den sogenannten *Godal-Bericht,* und dass aus darin festgestellten Fehlern neue Erkenntnisse für zukünftige politische Entscheidungen entstanden sind, kann ich eindringlicher dafür argumentieren, dass die deutsche Regierung eine ähnliche Analyse nicht länger blockieren sollte. Umso mehr, wenn ich mich über den Bericht informiert habe und weiß, zu welchem Schluss er, auf 230 Seiten, kommt: Das einzige Ziel, das Norwegen rund um den Einsatz tatsächlich erreicht habe, sei, sich als »guter Verbündeter« der USA erwiesen zu haben. Afghanistan als Ausgangsbasis für internationalen Terrorismus auszuschalten sei nicht gelungen. Der Aufbau eines stabilen Staates sei komplett gescheitert. Der Bericht nennt konkrete Fehler: Die Verantwortlichen auf norwegischer (und allgemein internationaler) Seite wüssten zu wenig über Afghanistan und die Verhältnisse vor Ort, sowohl was den Krieg als auch die Kultur des Landes betrifft. Anstatt politischer Überlegungen hätten oft militärische Abwägungen über konkrete Schritte beim Staatsaufbau und in der Entwicklungshilfe entschieden. Statt langfristiger Ziele im Kampf gegen den Terror sei häufig die eigene Sicherheit im Fokus gestanden – auch zu dem Preis, dass vor Ort diejenigen Akteure gestärkt wurden, die für Korruption und Machtmissbrauch bekannt waren. Die extreme Präsenz ausländischer Soldat*innen habe bei Teilen der afghanischen Bevölkerung das Gefühl einer Besatzung hervorgerufen und so die Gegner des internationalen Einsatzes unterstützt.

Der Bericht enthält auch politische Schlussfolgerungen: Vor der nächsten Beteiligung an einer internationalen Kampfmission solle eine intensive öffentliche Debatte über die Vor- und Nachteile des jeweiligen Einsatzes stehen. Es habe sich gezeigt, dass Staatsaufbau in Kombination mit einem militärischen Einsatz grundsätzlich nicht möglich sei. Stattdessen seien politische Lösungen und Verhandlungen nötig. Dafür sei es nötig, so früh wie möglich mit Friedensverhandlungen zwischen *allen* Konfliktparteien zu beginnen.[125]

Indem der Bericht nicht nur auf Fehler verweist (»Insgesamt hat Norwegen keinen großen Unterschied gemacht«[126]), sondern auch untersucht, wo die Stärken der norwegischen Akteure lagen – in Friedensverhandlungen und Vermittlungsversuchen gegenüber den Taliban –, weist er den Weg in eine Zukunft, in der wir Dinge besser machen können als bisher.

Wenn ich weiß, zu welchen Schlüssen der norwegische Bericht kommt, kann ich konstruktiver, überzeugender und zielführender argumentieren, warum Deutschland sich beim nächsten Einsatz, in einem nächsten Land, auf Friedensdiplomatie konzentrieren sollte, anstatt noch einmal mit militärischen Mitteln erwiesenermaßen Unmögliches zu versuchen.

~

Wir profitieren also immer davon, wenn wir nach einem X Ausschau halten – und nicht nur in der Scheiße wühlen. Bei unserer Suche helfen uns die Fragen: Wurde unser Problem schon mal in einem anderen Land oder an einem anderen Ort gelöst? Gab es in der Vergangenheit schon mal eine Lösung? Wer setzt sich für die Lösung des Problems ein? Welche Erfahrungen gibt es? Was wissen Forscher*innen über unser Problem? Kann ich das Problem mit einer grundsätzlich anderen, kritisch-konstruktiven Frage beleuchten? All diese Fragen helfen Journalist*innen, die konstruktiv berichten wollen, bei ihren Recherchen.

Konstruktiv berichten bedeutet aber auch, den jeweiligen Gesprächspartner*innen – sei es bei einer Recherche, sei es in einem Interview – andere und zusätzliche Fragen zu stellen. Wenn ich eine*n Politiker*in zu einem Missstand interviewe, frage ich nicht nur: Wie konnte der Missstand überhaupt passieren? Welche Fehler haben Sie und Ihr Team dabei gemacht? Ich frage auch: Was werden Sie tun, damit Fehler dieser Art in Zukunft nicht mehr oder seltener passieren? Was können Sie tun, um den Missstand jetzt zu beheben? Was sind die nächsten Schritte? Welche politischen Prozesse sind dafür nötig? Kurz gesagt: alles Fragen, die nicht in die Vergangenheit, sondern in die Zukunft weisen. Ich frage nicht nur: Wie konnte das passieren ? Ich frage auch: Was jetzt?

Wenn wir unsere Liste mit dieser Art von Fragen erweitern, entsteht nicht nur ein anderes Gespräch. Die Wahrscheinlichkeit, dass wir in einem solchen Interview hilfreiches und gesellschaftlich relevantes Wissen vermitteln, ist größer als in einem Gespräch, das sich hauptsächlich um Schuldzuweisungen, Ausreden und Ausflüchte dreht. Wenn wir bessere Fragen stellen, bekommen wir bessere Antworten.

Das erste Mal aktiv versucht habe ich das 2014. Mein Partner und ich haben damals für die NDR-Sendung *Panorama, die Reporter* zu Blindgängern recherchiert, die Bundeswehr und NATO-Truppen in Afghanistan zurückgelassen hatten und die nun jedes Jahr mehrere Dutzend Menschen verstümmelten und töteten. Die Blindgänger waren vor allem an ehemaligen Schießübungsplätzen westlicher Militärs zu finden und an Orten, an denen Gefechte stattgefunden hatten. Das afghanische Team von Minenräumern, eines der erfahrensten der Welt, hätte die Blindgänger räumen können, wenn sie gewusst hätten, wo sie liegen. Doch was ihnen fehlte, waren die Koordinaten der westlichen Truppen – wo genau diese trainiert hatten und wo sie Munition abgefeuert hatten, die nicht explodiert war. Militärs erfassen solche Daten akribisch. Trotz jahrelanger Bemühungen und Verhandlungen waren die Verantwortlichen sowohl bei der NATO als auch bei der Bundeswehr nicht bereit, die entsprechenden Daten an ihre afghanischen Partner weiterzugeben. Der Chef des afghanischen Minenräumprogramms formulierte es damals so: »Es muss jetzt immer erst eine Person verletzt werden oder sterben, damit wir wissen, dass an dieser Stelle Blindgänger liegen.« Mehr als die Hälfte der Opfer waren Kinder.

Neben dem Problem der fehlenden Daten gab es noch ein anderes: Wir fanden heraus, dass die Bundeswehr ihre ehemaligen Schießübungsplätze vor ihrem Abzug nur oberflächlich von Kriegsschrott befreit hatte. Blindgänger unterhalb der Erdoberfläche hatte sie nicht beseitigt. Für die afghanische Bevölkerung waren diese Gebiete vollkommen nutzlos geworden. Sie konnten weder zum Ackerbau noch als Bauland benutzt werden. Und die Gefahr im Boden blieb. Noch Jahrzehnte nach dem Abzug der westlichen Truppen würden sich Menschen an den Blindgängern der Bundeswehr verletzen können und im schlimmsten Fall sogar ihr Leben verlieren.

Die Verantwortlichen im Verteidigungsministerium versuchten während der gesamten Recherche unsere Nachfragen zu blockieren. Sie verboten uns zu drehen, obwohl der Beitrag für ein TV-Programm geplant war, und verweigerten uns im Grunde genommen jegliche konkrete Antwort auf unsere Nachfragen.

Noch heute, fast zehn Jahre später, erinnere ich mich, wie wütend und verzweifelt ich mich während der Recherche immer wieder gefühlt habe. Als ich den Onkel eines Jungen traf, der von einem

Blindgänger getötet worden war, und mit ihm ans Grab des Jungen ging. Als der deutsche General, der damals bei ISAF für die Blindgänger zuständig war, mir in einem Interview erzählte, er denke, der Tod sei für die Menschen in Afghanistan etwas anderes als für uns Deutsche. Schlimm sei, wenn jemand den Koran verbrenne, nicht wenn jemand sterbe. Das Problem mit den Blindgängern sei daher nicht so dramatisch.[127] Als der Leiter des afghanischen Minenräumprogramms mir von seinem Kollegen erzählte, der beim Entschärfen einer Mine verunglückte und der, mit dem Tod ringend, seinem Kollegen auftrug, nicht aufzuhören, bis ganz Afghanistan von Blindgängern befreit sei.

In einem Krieg sterben Menschen – das ist eine Wahrheit, an der sich nicht rütteln lässt. Aber es gibt Tode, die sich vermeiden ließen. Viele Probleme, die wir während unserer Zeit in Afghanistan recherchierten, waren so komplex, dass wir selbst keinen realistischen Ausweg sehen konnten. Bei den Blindgängern jedoch war die Situation klar: Wenn Bundeswehr und NATO ihre Schießübungsplätze räumen oder die dafür nötigen Daten teilen würden, wäre das Problem bald gelöst. Die Kosten für die Räumung durch afghanische Minenräumer-Teams waren im Verhältnis zu allen anderen Ausgaben eines Militäreinsatzes verschwindend gering. Es passiert nicht oft, dass eine Lösung für ein komplexes Problem derart einfach, offensichtlich und machbar ist. Wir waren also zuversichtlich, dass sich mit unseren Recherchen etwas ändern würde – wenn es uns gelänge, sie auf die richtige Art und Weise zu präsentieren.

Es ging uns nicht darum, jemanden anzuklagen oder einen Skandal aufzudecken. Wir wollten einfach nur, dass weniger Menschen sterben. Wir wollten, dass der Krieg nicht noch grausamer würde, als er es ohnehin schon war. Ungeräumte Blindgänger waren schließlich nicht nur in Afghanistan ein Problem – es wird sie auch in jedem künftigen Einsatzort der Bundeswehr geben: unabhängig vom Ort ihrer Stationierung sind deutsche Soldat*innen dazu verpflichtet, regelmäßig Schießtrainings zu absolvieren. Übungsplätze mit nicht explodierter Munition wird es also so lange geben, wie es Auslandseinsätze geben wird.

Wir entschlossen uns damals zu einem für investigativ arbeitende Journalist*innen eher ungewöhnlichen Schritt: Anstatt das Verteidigungsministerium hart zu konfrontieren, schrieben wir einen Brief, in dem wir unsere Recherchen beschrieben, und unseren Wunsch zu verstehen, was einer Lösung im Weg stand. Im besten Fall, so war unsere Hoffnung, würden die Verantwortlichen im Verteidigungsministerium schon vor der Veröffentlichung unseres Films nötige Maßnahmen anstoßen, und wir könnten über beides – das Problem und die geplante Lösung – berichten.

Leider lief unsere Anfrage völlig ins Leere. Es kam nie zu einem Gespräch. Die Verantwortlichen im Verteidigungsministerium verharrten in der Blockadehaltung, die sie zu Beginn unserer Recherchen eingenommen hatten. Wir berichteten über das Problem. Über die möglichen Lösungen nur im Konjunktiv. Nach der Veröffentlichung passierte eine ganze Weile nichts. Monate später beschlossen die Verantwortlichen im Verteidigungsministerium dann, zumindest einen ihrer knapp 30 Übungsplätze auch im Untergrund zu reinigen. Hätte man sich im Verteidigungsministerium auch dazu durchgerungen, wenn wir in unserem Bericht nicht gezeigt hätten, wie vergleichsweise einfach diese Räumung zu organisieren ist? Ich glaube nicht.

Ein voller Erfolg war unsere Recherche trotzdem nicht. Bei allen anderen Übungsplätzen passierte nichts. Soweit ich weiß, hat sich auch die Handhabe für künftige Einsätze bis heute nicht grundlegend geändert. Und trotzdem: dass ein Übungsplatz geräumt wurde, hat wenigstens an einem Ort dazu geführt, dass weniger Menschen verletzt und getötet werden.

Seit dieser Recherche bin ich überzeugt: Ein Gespräch, das sich ausschließlich um Fehler, Probleme und Ungerechtigkeiten dreht, und dann aufhört, endet zu früh. Wenn ich nach einem Interview merke, dass ich nicht nach vorne gefragt habe, dass ich nicht auf die Möglichkeiten einer besseren Zukunft geschaut habe, dann weiß ich, dass ich etwas falsch gemacht habe. Und rufe meine*n Gesprächspartner*in noch einmal an.

Das gilt nicht nur für Interviews. Auch bei der Frage, welche Daten ich zitiere, spielt meine Zielrichtung eine Rolle: Ausschließlich negativ oder kritisch-konstruktiv? Wenn wir konstruktiver berichten wollen, können wir bei jedem Schritt anfangen, Dinge anders zu machen, einfach, indem wir beharrlich und immer wieder nach dem X suchen: Bei der Recherche, in Interviews, beim Auswerten von Daten, beim Schreiben unserer Texte, beim Produzieren unserer Filme, Podcasts und Radiobeiträge. Und nicht zuletzt: beim Verfassen unserer Überschriften. Denn auch hier macht es einen Unterschied, welche Perspektive wir einnehmen.

~

Sogar nach der Veröffentlichung einer Geschichte kann die Suche nach dem X noch weitergehen. In meinen ersten Jahren als Journalistin habe ich ein Thema nach dem anderen bearbeitet. Selbst wenn mir eine Sache am Herzen lag – sobald der jeweilige Text oder Film veröffentlicht war, spätestens wenn ich alle E-Mails und Nachrichten von Leser*innen beantwortet hatte, war ich gedanklich schon bei der nächsten Geschichte. Das änderte sich, als mein Partner und ich begannen, unsere Filme selbst zu produzieren. Als wir *True Warriors* die ersten Male im Kino gezeigt und im Anschluss an Vorführungen jeweils ein Gespräch mit dem Publikum geführt hatten, merkten wir, wie viel tiefer unsere Geschichte bei den Zuschauer*innen einsickerte, dadurch, dass sie mit uns und vor allem mit den Protagonist*innen aus dem Film sprechen konnten. Wir beschlossen ein Experiment: Wir würden unsere Kraft nicht gleich in die nächste Geschichte stecken, sondern versuchen, mit unseren Zuschauer*innen ins Gespräch zu kommen. Schon nach ein paar Dutzend Vorführungen merkten wir, wie groß das Bedürfnis vieler Menschen war, miteinander zu reden. Beinahe jedes Mal begann irgendjemand im Publikum zu weinen, während er oder sie sprach. So viele Gefühle, so viel Schmerz und Verzweiflung hatten sich angestaut. »Wir müssen reden« war nicht nur eine Floskel. Es stimmte.

Was wir als Gesellschaft brauchen, sind nicht nur Informationen und immer neue Daten darüber, was in der Welt schiefläuft. Wir brauchen auch einen Austausch darüber, wie wir mit diesen Informationen umgehen. Was machen wir mit den vielen Ungerechtigkeiten, die jeden Tag auf uns einprasseln? Wie schaffen wir es, wieder zu merken, dass wir nicht ohnmächtig, dass wir nicht hilflos und nicht ohne Kontrolle sind? Wie schaffen wir es, wieder zu sehen, dass wir die Welt zu einem besseren Ort machen können? Wie finden wir Lösungen? Wie finden wir zueinander?

Nach inzwischen mehr als 500 Filmgesprächen und Lesungen bin ich überzeugt: Wenn wir Geschichten so erzählen wollen, dass sie etwas bewirken, gehört dazu auch, miteinander ins Gespräch zu kommen.

Schulen, Universitäten, Unternehmen, Kirchen, Moscheen, Synagogen, Behörden, Ministerien, Parlamente, Gewerkschaften, Altenheime, Jugendgruppen, Polizei, Feuerwehr, Theater, Kinos – das alles sind Orte, an denen wir uns treffen und zuhören können. Inzwischen gehört es wie selbstverständlich zu meinem Beruf, mich mit Leser*innen und Zuschauer*innen auszutauschen, Erfahrungen zu teilen, zu diskutieren. Abgesehen davon, dass ich es für mein eigenes Leben und meinen eigenen Horizont bereichernd finde – es ist ein guter Weg, um außer Informationen und Wissen auch Gesprächsbereitschaft zu fördern und Verständnis füreinander zu vermitteln. Und um immer wieder gemeinsam die Frage zu stellen: Was jetzt? Was können wir tun, jetzt wo wir wissen, wie schlimm die ganze Scheiße wirklich ist?

Dabei spielt es für mich keine Rolle, ob die Geschichten, die wir erzählen, investigativ recherchiert sind, ein Dokumentarfilm, eine Reportage oder ein Interview. Entscheidend ist, dass wir nicht nur beim Problem verharren. In der Berichterstattung selbst, aber auch indem wir den Dialog anstoßen zwischen den vom Problem Betroffenen und denjenigen in Entscheidungspositionen, denjenigen mit Macht und Verantwortung. Mit unserem Dokumentarfilm *Wir sind jetzt hier*, in dem sieben junge Männer erzählen, wie sie es nach ihrer Flucht geschafft haben, sich in Deutschland ein neues Zuhause aufzubauen, haben wir zum Beispiel eine Veranstaltung bei DHL organisiert. Im Anschluss an den Film diskutierten Zusteller*innen mit Fluchtgeschichte mit dem Personalvorstand und forderten konkrete Verbesserungen im Unternehmen. Auch anderswo, in Ausländerbehörden, Polizeischulen, Helfer*innenkreisen, war der Film Grundlage für Diskussionen darüber, was jeweils getan werden kann, um die Hürden vor Ort zu beseitigen.

Die Zeiten, in denen Journalist*innen nur Wissen vermitteln, sind meiner Ansicht nach vorbei. Beim Journalismus des 21. Jahrhunderts geht es auch darum, gesellschaftliche Debatten und Prozesse anzustoßen und den Dialog mit den Menschen vor Ort zu suchen. Das muss nicht immer gleich ein Filmgespräch oder eine Lesung sein. Journalist*innen können ihr jeweiliges Publikum auch aus der Ferne ansprechen. Etwa, indem sie am Ende eines Berichts Fragen stellen: Was sind Ihre Ideen, was helfen könnte, um das angesprochene Problem zu lösen? Kennen Sie Orte, an denen es bereits gelungen ist, das Problem zu lösen? Was ist eine Erkenntnis, die Sie aus diesem Bericht mitnehmen? Was hilft Ihnen, wenn Sie mit einem Problem konfrontiert sind, das zunächst unlösbar erscheint?

Fragen dieser Art führen nicht nur dazu, dass wir unser Wissen über konstruktive Ideen vermehren. Laut Forschung motiviert es uns auch dazu, das neu gelernte Wissen im eigenen Alltag tatsächlich anzuwenden.[128] Natürlich können Leser*innen auch ohne einen solchen Aufruf Redaktionen kontaktieren, wenn sie eine Idee haben, wie das beschriebene Problem gelöst werden könnte.

Wo finde ich Geschichten mit dem X?

Auch wenn die meisten Nachrichten in Deutschland (noch!) ausschließlich negativ erzählt werden, auch wenn kritisch-konstruktiver Journalismus (noch!) an keiner der großen Journalismusschulen gelehrt wird: Es gibt inzwischen eine ganze Reihe von Journalist*innen, die sich bemühen, anders zu erzählen.

Ellen Heinrichs hat für das Grimme-Institut eine Studie zu konstruktivem Journalismus veröffentlicht, für die sie mit Journalist*innen aus knapp zwanzig Medienhäusern in Deutschland gesprochen hat. Die »überwiegende Mehrheit der befragten Redaktionen«, schreibt Heinrichs, beschäftige sich »neben dem ›normalen‹ Tagesgeschäft ›auch‹ mit konstruktiven Formaten.«[129] Ausschließlich negative Berichterstattung als Alltag, kritisch-konstruktive Berichterstattung als Ausnahme. Und dennoch: sie existiert. Wir finden sie im NDR Info Podcast *Perspektiven,* in der Sendereihe *#Lösungsfinder* der *Tagesschau,* in *Die Frage* der Redaktion Funk, in manchen Berichten des Recherchezentrums *Correctiv,* im Magazin *Brandeins,* im Online-Magazin *Perspective Daily* und in einigen lokalen Angeboten wie zum Beispiel dem *Relevanzreporter* aus Nürnberg oder der *Sächsischen Zeitung.* Und in vielen einzelnen Artikeln, die jeden Tag quer durch (fast) alle Medien veröffentlicht werden.

Dazu kommen englischsprachige Angebote wie der BBC-Podcast *People fixing the world,* die New York Times Kolumne *Fixes,* sowie die Onlinemagazine *Tea After Twelve* und *Struggles from below*[130] – benannt nach einem Zitat von Noam Chomsky: »Changes and progress very rarely are gifts from above. They come out of struggles from below.«

Eine bundesweite Zeitung, die es sich zum Prinzip gemacht hat, über Probleme nicht ohne ein passendes X zu berichten, gibt es bisher noch nicht. Ich bin sicher, sie wird kommen, und ich freue mich auf den Tag, an dem ich wieder eine Zeitung aufschlagen, die Druckerschwärze riechen und das Rascheln des Papiers hören werde, um dann von Geschichte zu Geschichte in eine andere Welt abzutauchen.

Aber auch wenn es eine solche Zeitung noch nicht gibt: Wir müssen nicht warten, bis sich die komplette Medienlandschaft umgestellt hat. Wir können uns schon jetzt die Nachrichten und die Berichterstatter*innen rauspicken, die uns guttun. Die es schaffen, die ganze Scheiße da draußen nicht ohne X zu präsentieren.

Wir können wählen, was wir konsumieren. Und wir können die verantwortlichen Redaktionen auch über unsere Wahl informieren. Sie haben einen Text gelesen oder einen Beitrag gesehen, bei dem Ihnen der kritisch-konstruktive Ansatz aufgefallen ist? Dann können Sie der Redaktion eine kurze Nachricht schreiben. In den meisten Medienhäusern werden Zuschriften gelesen und wahrgenommen. Genauso können Sie denjenigen Redaktionen schreiben, bei denen Sie kritisch-konstruktive Berichterstattung vermissen, und ihnen erklären, warum Sie sich andere Ansätze wünschen. Es ist natürlich nicht Ihr Job, und ich verstehe, wenn Sie Ihre Zeit in andere Dinge investieren möchten. Aber es ist eine Möglichkeit, Einfluss auszuüben, und je mehr wir diese Möglichkeiten wahrnehmen, desto größer sind die Chancen auf Veränderungen. Unser Einfluss als Konsument*innen ergibt sich nicht nur daraus, wem wir unser Geld geben. Er wirkt auch bei der Frage, wem wir unsere Zeit und unsere Aufmerksamkeit schenken.

Viele Journalist*innen haben Angst, nicht ernst genug genommen und für naiv gehalten zu werden, wenn sie nicht ausschließlich negativ über ein Thema berichten. Die Sorge ist, nicht kritisch genug zu wirken, sobald auch Wege zu möglichen Lösungen diskutiert werden, nicht distanziert genug, oder eben: als jemand gesehen zu werden, der*die Probleme herunterspielt.

Ich selbst habe Gespräche dieser Art schon oft erlebt. Und auch Heinrichs schildert in ihrer Studie Ängste dieser Art unter Journalist*innen in Deutschland.[131] Wolfgang Blau beschreibt diese Dynamik im Zusammenhang mit der Klimakrise sogar als gewissermaßen strukturelles Problem: Journalist*innen, die mit ihren Berichten darauf hinweisen, dass es notwendig ist, jetzt zu handeln, würden innerhalb der Redaktionen häufig als Aktivist*innen abgestempelt, aus dem einfachen Grund, dass die jeweiligen Kolleg*innen die konkrete Faktenlage nicht verinnerlicht und die Dramatik der Situation nicht verstanden hätten.[132]

Wenn Sie das nächste Mal einen Text lesen, der Ihnen Mut macht und Ihnen neue Perspektiven zeigt, denken Sie daran, dass vielleicht schon eine einzige E-Mail von Ihnen bewirken kann, dass sich ein*e Journalist*in ermutigt fühlt, weiterhin kritisch-konstruktive Berichte zu veröffentlichen.

~

Schlechte Nachrichten sind nicht das Ende einer Geschichte, sie sind erst der Anfang. Denn nach jeder Katastrophe, egal welcher Art, sind Menschen gezwungen, auf sie zu reagieren. Das gilt für einen einzelnen Todesfall genauso wie für ein Erdbeben, einen Krieg oder eine Pandemie. Überall, wo Katastrophen passieren, gibt es Menschen, die helfen. Überall, wo Ungerechtigkeit auftritt, gibt es Menschen, die sich für mehr Gerechtigkeit einsetzen. Überall, wo Menschen unterdrückt werden, gibt es Menschen, die für Freiheit kämpfen. Wir müssen nur nach ihnen suchen – das gilt für Journalist*innen genauso wie für alle anderen Menschen.

Besonders deutlich habe ich das erfahren bei den Recherchen zu unserem Film *True Warriors*, der von einem Selbstmordanschlag erzählt. In den Abendnachrichten des 11. Dezembers 2014 klang der Anschlag so:

> *Bei einem Selbstmordanschlag in Afghanistan soll ein Deutscher getötet worden sein. Das gab die Regierung in Kabul bekannt. Das Auswärtige Amt bestätigte die Angaben bisher nicht. Der Täter sprengte sich in einem französischen Kulturzentrum in der Hauptstadt in die Luft, während dort ein Theaterstück aufgeführt wurde. Mindestens 16 Menschen sollen verletzt worden sein. Zu dem Anschlag bekannten sich die islamistischen Taliban.*[133]

Wir hören den Tod, die Verletzten, die Gewalt. Wir hören nicht die Überlebenden. Wir hören nicht den Widerstandskampf der Kulturschaffenden in Kabul, der noch am Abend des Anschlags mit mutigen und riskanten Interviews einzelner Künstler*innen begonnen hatte. Wir hören nicht von Demonstrationen gegen die Drahtzieher des Anschlag. Wir hören nicht von den Schauspielern, die am Abend des Anschlags auf der Bühne standen und die schon wenige Monate später den Weg zurück auf die Bühne schaffen würden.

Wir hören nur die Gewalt. Wir fühlen nur die Ohnmacht, mit der wir ihr gegenüberstehen. Wir lernen auch nichts von dieser Art Nachrichten. Außer, dass an einem Ort in der Welt mal wieder etwas Schlimmes passiert ist. Wie soll uns das weiterbringen? Ich bin überzeugt davon, dass Journalist*innen heute das Zeug dazu haben, es besser zu machen. Selbst bei einem Bericht über einen Selbstmordanschlag können wir Momente einbauen, die uns Mut machen.

Ein Bürgerrechtler aus Italien beschreibt seine Erfahrungen so:

> *Egoistische und teils verengte, rassistische und identitäre Verhaltensweisen werden von den Medien betont. Es gibt dir den Eindruck einer verrohten Gesellschaft da draußen, eines sehr deprimierenden, hoffnungslosen Menschenbildes wie bei Hobbes, der Mensch ist dem Menschen ein Wolf. Das ändert sich, sobald du mit dem »da draußen« in Berührung kommst. Du siehst eine Menge Solidarität.*[134]

Ob wir ausschließlich über die Scheiße berichten oder auch über das X, ist nicht nur wichtig für die Frage, wie wir uns nach dem Lesen, Schauen oder Hören fühlen. Es geht auch darum, was wir lernen. Der dänische Journalist Ulrik Haagerup beschreibt in seinem Buch *Constructive News*, wie seine Redaktion begann, über Missstände in Krankenhäusern zu berichten. Bei den Recherchen fanden sie ein Krankenhaus, das für jedes Problem eine Lösung gefunden hatte. Haagerups Redaktion berichtete darüber. Danach konnten Angestellte in anderen Krankenhäusern ihre Chef*innen fragen: Warum machen wir das nicht auch so? [135] Krankenhausleiter*innen konnten die Lösungen anderer übernehmen, sie konnten eigene Zeit und Ressourcen sparen und trotzdem ihre Probleme aus der Welt schaffen. Und alles nur, weil sie die dafür nötigen Informationen aus den Nachrichten erfahren hatten.

Wenn wir es schaffen, zusätzlich zu den Problemen von bereits erfolgreichen Lösungen zu berichten, lernen wir, was wir in Zukunft besser machen können. Wenn wir zusammen mit menschlichen Schicksalsschlägen oder Katastrophen auch berichten, wie Menschen es schaffen, mit diesen Katastrophen umzugehen, lernen wir, was wir selbst in Situationen tun können, in denen wir vor übermenschlich scheinenden Herausforderungen stehen. Kritisch-konstruktive Berichterstattung bewirkt nicht nur, dass wir uns besser fühlen. Sie bewirkt, dass wir besser gerüstet sind. Dass wir konkrete Ideen, Ratschläge und Kontakte haben, um mit den Schwierigkeiten in unserem Leben umzugehen. Als Gesellschaft und als einzelne Menschen.

- Suchen Sie sich ein kritisch-konstruktives Format, das Sie anspricht, und hören, schauen oder lesen Sie einige Beiträge. Suchen Sie gezielt nach dem X. Passt es zum jeweiligen Problem? Können Sie noch weitere X finden, die nicht in dem Bericht auftauchen? Wenn Sie mögen, nehmen Sie bei der Suche unsere Fragen zu Hilfe.

- Führen Sie sich die Beiträge noch einmal vor Augen: Können Sie etwas für Ihr eigenes Leben lernen? Gibt es Dinge, die Sie in Zukunft anders machen möchten – jetzt, wo Sie die Berichte gelesen haben?

- Beobachten Sie sich selbst: Wie fühlen Sie sich, nachdem Sie die Nachrichten konsumiert haben? Spüren Sie einen Unterschied dazu, wie Sie sich sonst nach einer Runde herkömmlicher Nachrichten fühlen?

I've learned that no matter what happens or how bad it seems today, life does go on, and it will be better tomorrow.

MAYA ANGELOU

SIEBEN: GESCHÄRFTER BLICK

Sobald wir das Prinzip von Scheiße plus X verstanden haben, können wir jede Nachricht, die wir lesen, jeden Fernsehbeitrag, den wir sehen, und jede Geschichte, die uns jemand erzählt – oder die wir anderen erzählen –, darauf abscannen, ob sie ausgewogen ist oder nicht. Einfach, indem wir nach dem X in der Erzählung suchen. Finden wir keines, können wir sicher sein, dass wir noch nicht das vollständige Bild kennen; dass wir noch nicht alles erfahren haben, was wir wissen müssen, um eine Sache richtig zu verstehen. Dieses Wissen alleine verändert nicht sofort das Gefühl, das wir beim Lesen solcher Texte haben, aber es hilft uns, einzuordnen, was wir vor uns haben, und uns daran zu erinnern, dass es noch nicht die komplette Wahrheit ist.

Wir haben in den letzten Kapiteln gesehen, dass Geschichten, bei denen das X fehlt, uns hilflos und ohnmächtig zurücklassen. Wir haben gesehen, dass sie nicht dazu führen, dass wir aktiver werden, sondern dass sie uns lähmen. Wir wissen also, dass es sich lohnt, nach den Geschichten mit X Ausschau zu halten. Nur, wie machen wir das? Schließlich sind die meisten von uns die meiste Zeit umgeben von ausschließlich negativen Nachrichten, Erzählungen und Geschichten. Im Grunde ist es ganz einfach: Wir suchen das X, und zwar beharrlich. Dabei gibt es drei große Bereiche, die wichtig sind:

Geschichten, die wir in den Medien konsumieren. Geschichten, die wir selbst erzählen. Und Geschichten, die andere uns erzählen.

Beginnen wir mit den Geschichten ohne X, die wir in den Medien konsumieren. Wenn wir eine Geschichte gelesen haben, in der das X nicht auftaucht, können wir es selbständig suchen. Wir ergänzen den Text über den Text hinaus. Wir vollenden die Arbeit derjenigen, die die Geschichte verfasst oder erzählt haben. Aber ärgern wir uns nicht! Schließlich tun wir es für uns. Weil wir wissen, dass es uns helfen wird, die Welt besser zu verstehen und besser mit der konkreten Herausforderung umzugehen.

Bei der Suche helfen uns die Fragen, die wir bereits gelernt haben: Wurde das Problem an einem anderen Ort schon gelöst? Wurde das Problem in der Vergangenheit schon gelöst? Gibt es Menschen, die sich für eine Lösung des Problems einsetzen, und was sind ihre Erfahrungen? Gibt es Forschungen, die auf eine Lösung des Problems hinarbeiten? Kann ich das Problem aus einer ganz grundlegend neuen und weniger destruktiven Perspektive betrachten? Für den Beginn unserer Suche reicht meist eine Suchmaschine – die konstruktiven Blickwinkel sind ja schon in der Welt.

Nehmen wir an, wir haben einen Text gelesen, der sich mit den Folgen der Klimakrise beschäftigt. Der Text hat uns wichtige Fakten vermittelt, weil er uns gezeigt hat, wie drastisch die Veränderungen sind, denen wir entgegenschauen, wenn wir es nicht schaffen, neue Gesetze, neue Lebensweisen und ein neues Verhältnis zu Konsum und Produktion zu entwickeln. Was er uns jedoch nicht gezeigt hat, ist, was wir nun tun können. Was wir von Politiker*innen fordern sollten. Welche Gesetze wir brauchen. Und eben danach können wir suchen. Dabei hilft es, wenn wir so genau wie möglich formulieren, was uns interessiert: Was kann ich gegen die Klimakrise tun? Wie kann ich meinen Energieverbrauch senken? Wie kann ich

Organisationen unterstützen, die sich für Klimaschutz einsetzen? Welches Land betreibt fortschrittliche Klimapolitik? Wie kann ich Abgeordnete in meinem Wahlkreis dazu bringen, sich für eine bessere Klimapolitik einzusetzen?

Möglicherweise fühlt es sich zu Beginn ungewohnt an, einer Suchmaschine derart konkrete Fragen zu stellen. Aber glauben Sie mir, es funktioniert. Nicht nur bei entmutigenden Texten, die wir lesen, sondern auch in Momenten, in denen wir uns aus einem anderen Grund hilflos fühlen.

Zu einer Zeit, in der ich nachts regelmäßig aus Albträumen hochschreckte, habe ich einmal gegoogelt, was ich gegen Verfolgungsjagden im Traum tun kann. Bei meiner Suche stieß ich auf den Tipp, nicht wegzurennen, sondern stehen zu bleiben und meinen Verfolger zu fragen, was er von mir will. Meistens kann ich in meine Träume gut eingreifen und so probierte ich den Ratschlag bei der nächsten Verfolgungsjagd aus. Als ein komplett vermummter Mann auf einem Motorrad immer engere Kreise um mich zog, nahm ich all meinen Mut zusammen, versteckte mich hinter einem Busch und rief: Was willst du von mir? Der Mann hielt an, schaltete sein Motorrad aus und sagte: Eine Dose Limo. Ich gab sie ihm, praktischerweise hatte ich gerade eine zur Hand. Er fuhr weiter und die Verfolgungsjagd war beendet. Spätestens seit damals google ich alles.

Als eine Freundin mir von ihrer Scheidung erzählte, googelte ich: »Wie kann ich einer Person helfen, die in Scheidung lebt?« Auf manche der Ratschläge wäre ich auch selbst gekommen: Zuhören, da sein, Unterstützung anbieten. Anderes wäre mir nicht eingefallen: Essen vorbeibringen, weil es Menschen in Krisensituationen oft schwerfällt, Routinen durchzuziehen. Nicht schlechter als nötig über den Partner oder die Partnerin zu sprechen, weil es den Konflikt anstachelt und so zu noch mehr Stress führt. Geduldig sein und zuhören, auch wenn Sie manche Geschichten zum zehnten Mal hören. Nicht alle Energie in den ersten Wochen und Monaten verbraten. Eine Scheidung dauert lange und diejenigen, die sie betrifft, brauchen auch nach einem Jahr noch Unterstützung.

Ein anderes Mal half mir die Suche nach dem X, als ein guter Freund versucht hatte, sich das Leben zu nehmen. Am Abend bevor wir ihn im Krankenhaus besuchten, googelte ich: »Was sage ich jemandem, der versucht hat, sich umzubringen?« Als Ratschlag fand ich: Keine Fragen, keine Vorwürfe, keine Angst ausdrücken. Stattdessen: Schön, dich zu sehen. Ich bin froh, dass du lebst. Und – falls es stimmt: Ich liebe dich. Es ging mir nicht darum, konkrete Sätze auswendig zu lernen. Ich wollte eine Gesprächsrichtung finden, mit der ich mich wohlfühlte und bei der ich halbwegs sicher sein konnte, nicht alles noch viel schlimmer zu machen. Warum dabei nicht die Perspektive derjenigen nutzen, die sich auskennen – gerade in Krisensituationen, wo wir ohnehin mit allem überfordert sind? Die Antworten bei Google kommen schließlich nicht von einer Maschine, sondern sie verlinken zu Artikeln, Posts oder Videos von Menschen, die über eine ähnliche Situation berichten.

Bis heute recherchiere ich alles, bei dem ich Unterstützung brauche: »Wie schaffe ich es, morgens früher aufzustehen?« »Wie schaffe ich es, jeden Tag zu schreiben?« »Wie schaffe ich es, weniger rassistisch zu sein?« Ich finde jedes Mal Ratschläge, die mir weiterhelfen.

~

So gut und meiner Erfahrung nach verlässlich die Suche nach dem X funktioniert – einen Haken hat die Sache: Sie braucht Zeit. Wenn wir bei jeder ausschließlich negativen Nachricht, bei jeder ausschließlich negativen Geschichte nach einer Lösung suchen, sind wir bald mit nichts anderem mehr beschäftigt. Selbst wenn wir uns dieser Aufgabe Vollzeit widmen würden, kämen wir nicht hinterher. Es gibt einfach zu viele Geschichten, die ausschließlich negativ sind.

Ein Weg kann also sein, die Anzahl dieser Geschichten zu reduzieren. Das bedeutet nicht, dass Sie nie wieder Nachrichten konsumieren sollen. Ich will Sie nur dazu ermutigen, nicht von sich selbst zu erwarten, über jede neue Entwicklung in der Welt informiert zu sein. Denn das müssen Sie nicht. Ich verspreche Ihnen, Sie können Ihren Nachrichtenkonsum gefahrlos reduzieren, ohne dass Sie weniger gebildet und weniger informiert sind und ohne dass Sie im Gespräch mit Kolleg*innen und Freund*innen weniger mitreden können.

Der Trick dabei ist ganz einfach: Konsumieren Sie Nachrichten nicht mehr täglich – oder sogar mehrmals täglich –, sondern zu gezielten Zeitpunkten: Das kann fünf-, drei- oder einmal die Woche sein. Je nachdem, wie es Ihnen guttut. Konzentrieren Sie sich auf Themen, die Sie interessieren, und versuchen Sie, in die Tiefe zu gehen. Es muss nicht immer gleich ein ganzes Buch sein. Beginnen Sie einfach mit einigen Texten. Wenn Sie das nächste Mal eine Schlagzeile sehen, suchen Sie gezielt nach weiteren Quellen zu diesem Thema. Vielleicht lesen Sie drei, vier, fünf Texte zum Thema, hören einen Podcast oder schauen ein paar kurze Berichte.

Am besten informieren wir uns über ein Thema, indem wir uns mehrere Quellen ansehen. Je mehr verschiedene Autor*innen Sie zu einem Thema lesen, desto größer ist die Chance, verschiedene Aspekte beleuchtet zu bekommen. (Das gilt auch für dieses Buch. Im Anhang finden Sie deshalb eine Liste mit Büchern zum Weiterlesen.)

Wenn Sie mögen, sprechen Sie auch mit Menschen in Ihrem Umfeld über das jeweilige Thema, das Sie gerade interessiert. Nicht um zu streiten und die eine richtige Meinung herauszufinden, sondern um Ihren Erfahrungsschatz zu erweitern. Wie sehen die Menschen in Ihrem Umfeld ein Problem? Ist es überhaupt eines, das sie beschäftigt? Welche Standpunkte haben sie darüber gehört, gedacht oder gefühlt? Wenn wir es schaffen, neugierig zu sein auf die Denkweisen und Erfahrungen anderer, dann wird es leichter, die Welt um uns herum in ihrer Komplexität zu verstehen. Und es wird leichter zu akzeptieren, dass es auf jede Frage, die wir uns stellen, mehrere Antworten gibt. Antworten, die nicht immer in die gleiche Richtung zielen und die sich – möglicherweise – sogar widersprechen.

Bei Themen, die Sie besonders interessieren, können Sie in unregelmäßigen Abständen immer wieder nach Neuigkeiten suchen. Sie werden sehen: in den meisten Fällen sind langfristige Entwicklungen positiver, als die jeweiligen Momentaufnahmen in den Nachrichten es vermuten lassen.

Vielleicht klingt das alles etwas zeitaufwendig für Sie. Vielleicht überfordert Sie die Vorstellung sogar. Aber nehmen wir an, Sie verbringen jeden Tag durchschnittlich zehn Minuten mit dem Konsum von Nachrichten (bei den meisten von uns ist es deutlich mehr), dann ist das in einer Woche mehr als eine Stunde. Wenn Sie diese Stunde am Stück verbringen und dafür auf Ihre täglichen Nachrichten verzichten, können Sie sich durchaus einigermaßen tiefgründig zu einem Thema informieren. Möglicherweise werden Sie zu Beginn noch hin und wieder das Gefühl haben, etwas zu verpassen. Mit der Zeit werden Sie Ihr Wissen aber vertiefen und deutlich besser informiert sein, als wenn Sie jeden Tag Nachrichten konsumieren.

»Weigern Sie sich zu akzeptieren, dass es nur einen Weg gibt, wie Nachrichten sein sollten«, empfiehlt die Psychologin Jodie Jackson in ihrem Buch. »Weigern Sie sich zu akzeptieren, dass negative Nachrichten die einzigen Geschichten sind, die es wert sind, erzählt zu werden; weigern Sie sich zu akzeptieren, dass Nachrichten ›so sind, wie sie sind‹ und entscheiden Sie stattdessen, dass die Berichterstattung ausgeglichener sein sollte. Und dann fangen Sie an, Dinge anders zu machen, fangen Sie an, Entscheidungen zu treffen, die diese Haltung wiedergeben.«[136]

Es ist möglich, die Kontrolle zurückzugewinnen darüber, welche Art von Nachrichten wir sehen oder hören – und welche nicht. Es ist möglich, politisch informiert zu bleiben, ohne ständig niedergeschlagen zu sein.

Was für Nachrichten gilt, gilt auch für Bücher: Wenn Sie jeden Tag 15 Minuten damit verbringen, ein Sachbuch zu lesen, statt Nachrichten zu schauen, wird sich Ihr Wissen langfristig vertiefen. Wenn Sie Angst haben, aktuelle Entwicklungen zu verpassen, lesen Sie Sachbücher, die aktuelle Entwicklungen beschreiben.

Falls Sie in sozialen Medien aktiv sind, können Sie den Accounts derjenigen Journalist*innen folgen, die ihre Geschichten konstruktiv erzählen. Wenn Sie das nächste Mal einen Text lesen, einen Radiobeitrag hören oder einen Bericht im Fernsehen sehen, der neben dem Problem auch ein X beinhaltet, können Sie sich den Namen des Autors oder der Autorin merken und ihm oder ihr in den sozialen Medien folgen. So erhöhen Sie die Chance, konstruktiv-kritische Nachrichten auf Ihrem Handy oder Ihrem Computer angezeigt zu bekommen, statt immer nur eine Katastrophenmeldung nach der anderen.

Wenn wir es schaffen, unseren Medienkonsum ausgewogener zu gestalten, also von ausschließlich negativ zu überwiegend kritisch-konstruktiv zu lenken, verändert sich ganz automatisch auch unser Blick auf die Welt. Anstatt um uns herum nur noch Probleme wahrzunehmen, erkennen wir mit der Zeit immer stärker die Möglichkeiten und Lösungen, die uns umgeben, die Chancen auf Verbesserungen, auf gesellschaftlichen Fortschritt, auf inneres Wachstum. Indem wir verändern, wie wir die Welt sehen, verändern wir auch, wie die Welt ist.

Wie wollen wir unsere Geschichten erzählen?

Nachrichten und Medien sind aber nur das eine. Die andere Frage ist, welche Geschichten wir selbst weitererzählen, auf welche Themen wir uns fokussieren, welche Gedanken wir teilen und welche Fragen wir stellen. Unseren Medienkonsum zu verändern ist also ein wichtiger Schritt, aber es ist nicht der einzige, den wir machen müssen, wenn wir unseren Blick auf die Welt verändern wollen – erst recht nicht, wenn wir auch anderen Menschen dabei helfen wollen, sich aus der Negativitätsfalle zu befreien.

Genauso wie wir mit der Scheiße-plus-X-Formel die Geschichten anderer überprüfen können, können wir auch die Geschichten untersuchen, die wir selbst erzählen: Finden wir ein X darin? Oder schwanken wir nur zwischen großen und etwas weniger großen Problemen? Versuchen Sie, sich selbst ein wenig zu beobachten und X in Ihren eigenen Geschichten zu suchen. Es geht nicht darum, dass wir uns nicht mehr beschweren, dass wir unseren Schmerz nicht mehr teilen oder unseren Mitmenschen nicht mehr erzählen, wenn es uns nicht gut geht. Das alles können wir weiterhin tun. Es geht nicht darum, dass wir nie mehr etwas Negatives sagen. Es geht lediglich darum, dass wir mögliche Auswege mitdenken, damit wir vor lauter Sorgen, Ärger oder Angst nicht vergessen, dass es sie überhaupt gibt.

In den meisten Fällen erzählen wir ohnehin nicht von den Problemen, die uns am Herzen liegen, sondern von solchen, die uns im Grunde ziemlich egal sind. Nach einer Zugfahrt erzählen wir von nervigen Nachbar*innen, von zehn Minuten Verspätung und Kaffee, der zu heiß, zu stark, zu wässrig oder zu schwach war. Wenn wir mit dem Auto unterwegs waren, erzählen wir von rücksichtslosen Fahrer*innen, denen wir begegnet sind, von Stau und vom eintönigen Radioprogramm. Nach einem Arbeitstag erzählen wir von anstrengenden Kolleg*innen und Chef*innen oder unangenehmen Begegnungen mit Kund*innen. Nach einem Urlaub erzählen wir von uns merkwürdig erscheinenden Gewohnheiten anderer Menschen in anderen Ländern, von unserer Meinung nach überteuertem Essen, zu heißem, zu nassem oder zu kaltem Wetter. Gerade bei den Dingen, die im Grunde keinerlei echte Bedeutung haben, neigen die meisten von uns dazu, dem Negativen mehr Platz einzuräumen, als es verdient. Und gerade bei diesen Dingen ist es extrem einfach, unsere Gewohnheiten zu verändern.

Wenn Sie das nächste Mal von einem Urlaub, einer Reise, einem Arbeitstag oder einer Begegnung erzählen, fragen Sie sich: Welches X kann ich mitbringen? Welches Highlight kann ich teilen? Welche schönen Momente gab es, von denen ich erzählen möchte? Wenn wir verändern, welche unserer Eindrücke wir weitergeben, verändern wir auch, wie die Menschen um uns herum ihre Welt sehen.

Stellen Sie sich vor, Sie sind noch nie in Ihrem Leben Zug gefahren – es macht einen Unterschied, ob Sie zehn Mal hören, wie anstrengend die Reise war und wie viele Minuten Verspätung der Zug hatte, oder ob Sie hören, wie schön die Landschaft war, die am Zugfenster vorbeigezogen ist, und wie entspannend es sich angefühlt hat, ein paar Stunden nichts anderes zu tun, als den Blick nach draußen zu genießen. Das ist ein banales Beispiel, klar. Aber wir hören ständig Geschichten dieser Art. Und mit der Zeit prägen sie unseren Blick auf die Welt.

Gerade bei Smalltalk können wir relativ einfach trainieren, andere Geschichten zu erzählen. Wenn wir von einem Arbeitstag nach Hause kommen, können wir uns überlegen, welches positive Ereignis wir mit unserem Partner oder unserer Partnerin teilen möchten: ein inspirierendes Gespräch, ein gutes Essen, ein Erfolgserlebnis. Vielleicht auch die Lösung für ein Problem, auf dem wir schon lange herumgekaut haben, von dem wir vielleicht schon zu Hause erzählt hatten. Wenn wir etwas Positives mitbringen anstatt Frust und Erschöpfung uneingeschränkt Platz zu geben, ist die Wahrscheinlichkeit groß, dass sich nicht nur das konkrete Gespräch, sondern auch die Stimmung für den restlichen Abend ändern wird. Und dass mit der Zeit auch Ihr*e Partner*in beginnen wird, andere Geschichten zu erzählen.

Und wenn nicht? Dann fragen Sie einfach danach: Was hast du heute Gutes erlebt? Hat dich etwas zum Lachen gebracht? Was hat heute besonders gut geklappt? Wenn Sie Kinder haben, fragen Sie nach schönen Dingen, die in der Schule passiert sind: Hast du etwas Spannendes gelernt? Hast du etwas Lustiges erlebt? Worüber hast du heute gelacht?

Mein Partner und ich haben uns angewöhnt, jeden Abend vor dem Einschlafen schöne Momente des Tages und Komplimente zu teilen. Die ausdrücklich vereinbarte Routine hilft uns, dass diese Gespräche nicht im Alltagschaos verloren gehen. Das Gleiche können Sie auch mit Ihren Kindern tun: Lassen Sie vor dem Zubettgehen noch einmal gemeinsam die schönen Momente des Tages Revue passieren. Wenn Sie Freund*innen treffen, können Sie sich gezielt nach Highlights der letzten Zeit erkundigen. Oder Sie blicken in die Zukunft: Worauf freust du dich morgen besonders?

Nächste Woche? Nächsten Monat? Die Forschung zeigt, dass der Beginn eines Gesprächs häufig seinen Verlauf bestimmt.[137] Wenn wir es schaffen, mit etwas Positivem zu starten, verändern wir also nicht nur den einen konkreten Moment, sondern auch die Momente, die darauf folgen – das restliche Gespräch, die gemeinsam verbrachte Zeit und langfristig: die Qualität unserer Beziehung. In den Worten unserer Formel: Je früher wir ein X finden, desto stärker wirkt es.

Fragen sind auch dann ein gutes Mittel, wenn wir merken, dass sich ein Gespräch in Negativität festfährt. Jemand schimpft seit fünfzehn Minuten über eine Situation, einen Menschen oder die ganze Welt? Manchmal reicht schon eine einzelne Frage, um das Gespräch in eine andere Richtung zu führen. Was läuft gut momentan? Wodurch wurde dein letzter Lachanfall ausgelöst? Worauf freust du dich diese Woche?

Eine Freundin von mir ist ausgesprochene Expertin, in dieser Art zu fragen. Einmal war ich dabei, als ein Mann ihr von Beziehungsproblemen mit seiner Frau erzählte. Das Gespräch war nicht ausgesprochen tiefgründing, er redete eher vor sich hin, doch seine Aussagen wurden von Satz zu Satz düsterer. In einem kurzen Moment der Stille fragte meine Freundin: Und was liebst du an deiner Frau?

Der Mann begann zu erzählen, wie sicher er sich bei ihr fühle und wie sehr es seiner Frau gelänge, mit seinen Macken umzugehen. Mit einem Mal hatte sich das Gespräch komplett gedreht. Anstatt im Plauderton über seine Frau zu schimpfen, erzählte er offen von seinen eigenen Schwächen. Er zeigte sich verletzlich und wir lernten eine komplett neue Seite von ihm kennen. Beinahe war es, als würde ein anderer Mensch reden.

Wie gesagt: Meine Freundin hat ein Talent für diese Art Fragen. Sie stellt die Fragen nicht, sie zaubert mit ihnen. Ich wurde noch öfter Zeugin, wie es ihr innerhalb von Sekunden gelang, ein deprimierendes Gespräch in eine ehrliche, irgendwie positive Unterhaltung zu verwandeln. Beim Versuch, es ihr gleichzutun, merkte ich schnell, dass es wohl Übung braucht, um ihre Technik so mühelos anzuwenden. Aber auch wenn ich die Fragen holpriger, unbeholfener und weniger zielsicher stellte, gaben sie Gesprächen eine neue Richtung. Nicht nur, dass sie sich weniger destruktiv entwickelten – ich lernte auch die Menschen, mit denen ich sprach, auf eine neue Art kennen.

Das Gleiche gilt für politische Diskussionen: Auch hier können wir fragen: Was hat besonders gut funktioniert? Welche Schritte müssen passieren, damit sich eine Situation ändert? Und schon nimmt das Gespräch einen anderen Lauf. In vielen Fällen ist es tatsächlich so einfach. Die Schwierigkeit besteht nicht darin, unsere Aufmerksamkeit umzulenken. Die Schwierigkeit besteht darin, dass wir schnell wieder vergessen, wie sehr unsere Aufmerksamkeit von Negativem angezogen wird.

Eine andere Möglichkeit, in einem Gespräch der Negativitätsfalle zu entkommen, ist, mit unserem Gegenüber zu teilen, was uns selbst in einer ähnlichen Situation schon einmal geholfen hat. Immer wenn mir jemand erzählt, wie sehr er oder sie sich von ihrer Partner*in entfremdet hat, erzähle ich zum Beispiel von einer Methode, die meinem Partner und mir einmal geholfen hat, wieder zueinanderzufinden. Jede Woche nehmen wir uns neunzig Minuten Zeit, um miteinander zu sprechen, immer abwechselnd. Zehn Minuten rede ich und mein Partner hört zu, dann andersherum, und so geht es immer weiter. Woche für Woche erzählen wir, wie es uns geht, und allein durch das Reden und das ausdrückliche Zuhören entsteht etwas Neues. Ich hätte es selbst nicht geglaubt, bevor wir es das erste Mal ausprobiert haben.

Je mehr wir die Dinge teilen, die uns selbst in unserem Leben helfen, desto größer ist die Chance, dass wir auch das Leben unserer Mitmenschen zum Besseren verändern können.

An meinem ersten Tag in Kabul habe ich einen Mann getroffen, der dieses Prinzip verkörpert wie niemand sonst, den ich kenne: Basir Hamidy. Er war damals Mitte vierzig, leitete in Kabul eine Eventmanagementagentur für kulturelle Veranstaltungen, hatte 16 Jahre in Deutschland gelebt und war mir empfohlen worden, falls ich etwas brauchte – »ganz egal, was«.

Dass ich ihn anrief, hatte logistische Gründe. Ich brauchte jemanden, der mir dabei half, in der Fremde anzukommen. Was ich fand, war ein Freund fürs Leben. Schon am ersten Tag erzählte Basir offenherzig von allem, was ihn beschäftigte. Ein bevorstehendes Konzert, ein Streit mit seiner Frau, die Sehnsucht nach seinem Sohn, der in Deutschland lebte und den er schon viel zu lange nicht mehr gesehen hatte. Ich war überrascht von so viel Ehrlichkeit und als ich nach ein paar Treffen merkte, dass Basir zu allen Menschen so offen war, dass er nie herumdruckste oder sich hinter Worthülsen versteckte, da sagte ich ihm, wie beeindruckt ich davon war, dass er so großherzig von seinen Schwächen, Ängsten und Sorgen erzählt – immer verknüpft mit dem, was er aus ihnen gelernt hat. Basir beantwortete mein Kompliment mit einem Lachen. »Weißt du«, sagte er, »ich finde, wenn wir schon so viel Mist erleben, dann ist es doch gut, wenn wir mit anderen teilen, was wir durch den ganzen Scheiß gelernt haben. So wird am Ende doch noch etwas Gutes draus.«

Seit diesem Gespräch versuche ich mir ein Vorbild an Basir zu nehmen. Anfangs ist mir das schwergefallen und auch jetzt passiert es noch, dass ich lieber schweige als ehrlich zu antworten – aus Angst, mich verletzlich zu zeigen. Viel öfter aber passiert es, dass mein Gegenüber sich auch öffnet, dass wir eine gemeinsame Ebene finden und durch unser Gespräch etwas Neues entsteht.

EXPERIMENTE FÜR IHREN ALLTAG

- Testen Sie einen der Vorschläge aus diesem Kapitel, um Ihren Medienkonsum zu reduzieren. Sie müssen nicht alles auf einmal umsetzen. Suchen Sie sich einfach diejenige Veränderung aus, die Ihnen am einfachsten erscheint. Beobachten Sie sich selbst, wie leicht oder schwer Ihnen die Veränderung fällt. Wie fühlen Sie sich mit Ihrer neuen Angewohnheit?

- Nehmen Sie sich abends oder morgens einen Moment Zeit und überlegen Sie sich eine positive Erfahrung oder Idee, die Sie für relevant halten und von der Sie anderen gerne erzählen möchten. So haben Sie einen Joker, falls Sie im Laufe des Tages in einem Gespräch feststecken und Ihnen auf die Schnelle nichts Positives einfällt.

- Wenn Sie das nächste Mal bemerken, dass Sie gerade nur negative Dinge erzählen, schwenken Sie bewusst um und überlegen Sie, womit Sie Ihre Erzählungen ergänzen können. Es geht nicht darum, ein lachendes Gesicht vorzutäuschen, wenn es Ihnen eigentlich schlecht geht. Überlegen Sie zum Beispiel laut, nach welcher Art von Lösung Sie suchen. Das allein kann schon helfen, eine neue Richtung im Gespräch einzuschlagen.

The dark does not
destroy the light;
it defines it.
It's our fear of the dark
that casts our joy
into the shadows.

BRENÉ BROWN

ACHT: WARUM WIR UNSER GEHIRN MANCHMAL AUSTRICKSEN MÜSSEN

Dass wir uns gelähmt fühlen, dass wir verzweifeln und die Welt so negativ beurteilen, liegt nicht an Nachrichten alleine. Unser Gehirn ist evolutionsbedingt stärker auf Gefahren fokussiert als auf Dinge, die uns guttun: 60 bis 70 Prozent unserer Gedanken sind negativ, wie Forscher*innen der Universität Texas herausfanden.[138] Wir bilden schneller negativ besetzte Stereotype als positive,[139] wir erinnern uns besser an negative Ereignisse als an positive und wir unterschätzen im Rückblick, wie viel Positives wir tatsächlich erlebt haben.[140] Noch dazu geben wir negativen Informationen mehr Gewicht. Wenn wir vor einer Entscheidung stehen, wiegen sie stärker als positive – ein Phänomen, das manche von uns kennen, wenn sie Produktbewertungen lesen. Den meisten von uns ist es wichtiger, negative Ereignisse zu vermeiden, als positive anzustreben.[141] In einem gewissen Rahmen ergibt das ja auch Sinn: Wenn wir auf einer Wiese stehen, auf der hundert Schafe und ein Tiger laufen, ist es durchaus hilfreich, wenn wir uns auf das Raubtier fokussieren. Die Gefahr zu sehen bedeutet in diesem Fall, dass wir unser Leben schützen.[142]

Anders ist es, wenn wir irgendwann nichts anderes mehr sehen als die Gefahr. Die meiste Zeit in unserem Leben ist der Tiger ja gar nicht da. Trotzdem verbringen wir Stunden, Tage, manchmal sogar Nächte damit, uns auszumalen, was passiert, falls er eines Tages kommen sollte.[143]

Unsere Angst hilft uns, zu überleben – allerdings nur in solchen Situationen, in denen der Tiger tatsächlich da ist. In Situationen, in denen tatsächlich ein greifbares Risiko besteht: Wenn wir auf einem Gleis spazieren und in der Ferne einen Zug erkennen, wenn wir an einer Klippe sitzen und vor uns der Abgrund lauert, wenn wir merken, dass in einem Haus Feuer ausgebrochen ist, wenn wir eine giftige Schlange sehen oder Krokodile in einem Fluss. In all diesen Momenten erfüllt unsere Angst die Funktion, die ihr evolutionär zugewachsen ist. Sie weist uns auf eine unmittelbare Gefahr hin und erinnert uns daran, dass unser Leben kostbar ist und wir es so gut und so lange wie nur irgendwie möglich behalten wollen.

In den meisten anderen Situationen steht uns unsere Angst im Weg – jedenfalls wenn wir ihr das Kommando überlassen. Erst vernebelt sie uns den Blick, dann zeigt sie uns den vermeintlich sicheren Weg. Doch während wir glauben, unserem Ziel immer näher zu kommen, irren wir in Wirklichkeit nur blindlings im Kreis. Unser Gehirn nimmt Risiken und Gefahren überdeutlich wahr, mehr als wir es im alltäglichen Leben brauchen.[144]

Tücken unserer Wahrnehmung

Ich möchte Ihnen gerne drei Fragen stellen.

Erstens: Wie hat sich die Zahl der Todesfälle aufgrund von Naturkatastrophen in den letzten 100 Jahren verändert?

Sie hat sich mehr als verdoppelt.

Sie ist gleich geblieben.

Sie hat sich halbiert.

Zweitens: Im Jahr 1950 war 0 Prozent der verbrauchten Energie Atomenergie. Wie sieht diese Zahl heute aus?

5 Prozent

25 Prozent

45 Prozent

Drittens: Wie hat sich die Selbstmordrate weltweit in den letzten 20 Jahren verändert?

Sie ist um 25 Prozent gesunken.

Sie ist ungefähr gleich geblieben.

Sie ist um 25 Prozent gestiegen.

Haben Sie Ihre Antworten gewählt?

Gut, dann können Sie weiterlesen. Nur eine kurze Vorwarnung: Vermutlich haben Sie nicht alle Fragen richtig beantwortet. Vielleicht haben Sie sogar keine der Fragen richtig beantwortet. Machen Sie sich nichts daraus. So ging es mir auch. Und nicht nur mir, sondern beinahe allen Menschen, die an diesem Quiz teilgenommen haben. Ich habe die Fragen in einer Studie der schwedischen Organisation Gapminder gefunden. Sie umfasst insgesamt 18 solcher Fragen.[145] Ich habe relativ zufällig drei von ihnen herausgegriffen. Hier sind die Antworten.

Obwohl es heute deutlich mehr **Naturkatastrophen** gibt als vor 100 Jahren, sterben nur noch halb so viele Menschen daran. Der Grund dafür ist, dass heutzutage weniger Menschen als früher in extremer Armut leben und deshalb im Angesicht von Katastrophen besser vorbereitet und besser geschützt sind. 84 Prozent der Befragten, darunter ich, haben diese Frage falsch beantwortet.

Weltweit stammen heute fünf Prozent aller verbrauchten Energie aus **Atomenergie.** Die Zahl bedeutet nicht, dass Atomenergie kein Problem darstellt oder keine Gefahr bedeutet – fünf Prozent reichen, um Reaktorunglücke riesigen Ausmaßes zu verursachen. Fünf Prozent bedeuten aber auch, dass nicht das halbe Energieversorgungsnetz zusammenbrechen würde, wenn wir auf Atomenergie verzichten. Es ist also wichtig, diese Zahl zu kennen, wenigstens ungefähr. 88 Prozent der Befragten lagen jedoch falsch, darunter ich selbst. Statt fünf Prozent haben wir auf 25 oder 45 Prozent getippt. Ohne es zu merken, haben wir verwechselt, wie viel über Atomenergie diskutiert wird und wie viel sie tatsächlich benutzt wird.

Wir hören, lesen und sehen mehr über die Problematik von **Selbsttötungen** als noch vor 20 Jahren.[146] Wenn wir mehr Menschen offen über ein Thema reden hören, nehmen wir schnell an, dass das Problem größer geworden ist. In Wirklichkeit ist es nur weniger tabuisiert: Die Rate ist um 25 Prozent gesunken. 94 Prozent aller Befragten, inklusive mir, haben bei dieser Frage falsch getippt. Grund für die gesunkene Rate sind laut der Studie Präventionsmaßnahmen:

> *Mehr Zugang zu Hilfe-Hotlines; die Verfügbarkeit von Waffen und Pestiziden zu verringern; bessere Behandlung psychischer Erkrankung; weniger Zugang zu Alkohol; verantwortungsvollere Berichterstattung vonseiten der Medien. Trotzdem muss noch viel mehr geschehen, wie zum Beispiel, Menschen mit Depressionen zu entstigmatisieren und den Zugang zu passender psychischer Behandlung zu verbessern.*[147]

Falls Sie bei den Fragen genauso oft danebenlagen wie ich, ärgern Sie sich nicht über Ihr Unwissen! Baden Sie stattdessen einen Moment lang in dem Gefühl, dass die Welt viel besser ist, als Sie bisher dachten. Wenn Sie Ihr Wissen noch weiter testen wollen, finden Sie das vollständige Quiz auf gapminder.org. *Upgrade your worldview,* heißt es dort.

Und nicht nur das. Die Fragen helfen Ihnen auch, falls Sie eine Quizshow planen und mit einiger Gewissheit verhindern wollen, dass jemand die volle Punktzahl schafft: Keine*r der Teilnehmenden konnte alle Fragen richtig beantworten. Die meisten Befragten haben eine bis vier Fragen richtig beantwortet. »Sie hätten bessere Ergebnisse erzielt, wenn sie mit geschlossenen Augen wahllos Antworten gewählt hätten«, heißt es in der Studie.[148] Bei jeder Frage gab es drei Antwortmöglichkeiten. Mit Glück alleine hätten die Teilnehmenden im Durchschnitt jede dritte Frage und damit insgesamt sechs Fragen richtig beantwortet.

Wenn wir mit geschlossen Augen besser tippen als mit Nachdenken, wenn wir schlechter raten als ein Zufallsgenerator, dann heißt das nicht, dass wir etwas *nicht* gelernt haben. Sondern dass wir es *falsch* gelernt haben. Wir leiden an systematischen Fehleinschätzungen.

In den Köpfen der meisten Menschen gibt es zehnmal so viele Geflüchtete, wie es tatsächlich der Fall ist. Weltweit gehen mehr Mädchen zur Schule (60 Prozent), als die meisten von uns glauben. Weniger Menschen, als die meisten von uns glauben, leben in Ländern mit durchschnittlichen Niedrigeinkommen (neun Prozent). Mehr Menschen, als wir glauben, haben in ihrem Haus oder in direkter Umgebung Zugang zu sauberem Trinkwasser (70 Prozent).

»Mit unseren Köpfen voll solcher Fehleinschätzungen werden wir nicht fähig sein, eine nachhaltige Zukunft zu gestalten«, schlussfolgern die Forscher*innen.[149] Wenn wir glauben, dass

300 Millionen Menschen auf der Flucht sind statt 30 Millionen, befeuert das nicht nur rechte Propaganda. Auch diejenigen, die eine gerechte Asylpolitik befürworten, überschätzen die Herausforderung in ihrer Größe.

Wenn wir glauben, dass nur fünf oder 15 Prozent – statt der tatsächlichen 25 Prozent – der Parlamentsangehörigen weltweit Frauen sind, sind wir entmutigter, als wir es sein müssten. 25 Prozent ist immer noch nur die Hälfte von einem ausgewogenen Verhältnis von 50 Prozent. Trotzdem zeigt uns diese Zahl, dass wir schon weiter sind, als die meisten von uns denken. Sie vermittelt uns auch, dass es Länder gibt, in denen deutlich mehr als 25 Prozent der Parlamentsangehörigen weiblich sind – Island zum Bespiel mit einem Anteil von 47,6 Prozent. Sie kann uns inspirieren, in diese Länder zu blicken und nachzufragen, welche einzelnen Schritte dort nötig waren, um Gleichberechtigung zu ermöglichen. Die Zahl zeigt uns auch, dass der aktuelle Bundestag mit einem Frauenanteil von 34,7 Prozent weltweit eher schlecht abschneidet. Und dass, wenn Politiker*innen das nächste Mal anderen Kulturen oder Ländern vorwerfen, Frauen zu unterdrücken und sich nicht genug für ihre Rechte einzusetzen, wir allen Grund haben, zuerst einmal auf unser eigenes Land zu schauen – und die Situation dort zu verbessern. Aber Moment mal, immerhin hat doch 16 Jahre lang eine Frau die Politik Deutschlands angeführt! Schauen wir uns noch eine letzte Frage aus der Gapminder-Studie an:

Bis 1990 wurden 18 Länder weltweit von einer Frau regiert.
Wie hoch war diese Zahl im Jahr 2020?

53

29

78

Vielleicht ahnen Sie es inzwischen schon: Die richtige Antwort ist 78. Mehr als ein Drittel aller Länder wurde schon einmal von einer Frau regiert – aber nur zwei Prozent aller Befragten tippten auf dieses Ergebnis.

Wissen wir wirklich so wenig über die Welt, in der wir leben? Ein Trost könnte sein, dass bei der Studie ausschließlich Menschen in Norwegen, Schweden, Dänemark und Finnland befragt wurden. Und auch wenn das ausgerechnet die Länder sind, die bei vergleichenden Tests zur Schulbildung ihrer Einwohner*innen regelmäßig besonders gut abschneiden – es könnte ja sein, dass Sie ausgerechnet bei diesen Fragen keine Ahnung haben und deshalb überdurchschnittlich falschliegen?

Schauen wir uns eine ähnliche Studie aus Großbritannien an. Sie existiert seit 2012 und wurde in 40 Ländern durchgeführt, bei mehr als 100.000 Personen.[150] Die Studie heißt: *Perils of Perception,* Tücken der Wahrnehmung. Ihr Ergebnis: »We're wrong about nearly everything.« Wir liegen bei nahezu allem falsch.

Auch diese Studie arbeitet mit einem Quiz. Anders als bei der Studie aus Schweden sind die Ergebnisse jedoch auf das jeweilige Land zugeschnitten: Auf die Frage, wie sich die Mordrate in Deutschland seit dem Jahr 2000 verändert hat, antworteten 23 Prozent der Befragten, sie sei gestiegen, 30 Prozent antworten, sie sei ungefähr gleich geblieben. Nur 14 Prozent antworteten, die Mordrate sei gesunken. Das ist aber richtig. Und zwar um 33 Prozent.[151]

Auf die Frage, wie viel Prozent der Mädchen zwischen 15 und 19 Jahren pro Jahr in Deutschland schwanger werden, antworteten die Befragten im Durchschnitt 16 Prozent. Die tatsächliche Zahl ist 0.6 Prozent.[152]

Und auf die Frage, wie viel Prozent der Menschen zwischen 20 und 79 in Deutschland an Diabetes leiden, schätzten die Befragten im Durchschnitt 31 Prozent. Die tatsächliche Zahl ist sieben.[153]

In jedem Land dachten die Befragten, dass mehr Leute an Terrorismus sterben, als es in Wirklichkeit der Fall ist. Das Gleiche gilt für Gewalt und Drogensucht. Wir halten die Mordrate für höher, als sie ist, schätzen soziale Ungleichheit stärker und Arbeitslosigkeit höher ein, als sie tatsächlich sind. Wir halten nahezu alles für schlechter, als es ist. Über alle Alters-, Kultur- und Ländergrenzen hinweg gilt: Die Welt in unseren Köpfen ist gefährlicher als die Welt da draußen. Und das wirkt sich auf unsere Entscheidungen aus:

Wohin fahre ich in den Urlaub? Auf welche Schule schicke ich mein Kind? Wie sicher fühle ich mich? Vor welchen Dingen warne ich Menschen, die mir nahestehen? Stimme ich für einen Austritt aus der EU oder dagegen? Welches Wahlprogramm unterstütze ich, wenn ich glaube, dass ein Drittel der Bevölkerung arbeitslos ist, obwohl es in Wirklichkeit nicht mal ein Zwanzigstel ist?

~

Wen wir wählen, ist eine Sache – aber wie ist es mit denjenigen, die wir wählen? Deren Job es ist, Gesetze auszuhandeln und zu beschließen? Deren Aufgabe es ist, unsere Zukunft in die eine oder in die andere Richtung zu lenken? Wissen wenigstens sie besser Bescheid darüber, was in unserem Land, auf unserem Kontinent und in der Welt passiert?

Hans Rosling, einer der Gründer der schwedischen Organisation Gapminder, hat sich diese Frage auch gestellt. In seinem Buch *Factfulness* erzählt er von einer Rede, die er 2015 auf dem Weltwirtschaftsforum in Davos hielt:

> *[…] Als ich die Bühne betrat und den Blick übers Publikum schweifen ließ, sah ich diverse Staatenlenker und einen ehemaligen UN-Generalsekretär. Ich sah Leiter von UN-Organisationen, Führungspersönlichkeiten wich-*

tiger multinationaler Unternehmen und Journalisten, die ich vom Fernsehen kannte.[154]

Rosling beschreibt, dass er nervös war. Sein ganzer Vortrag war darauf aufgebaut, dass er dem Publikum Fragen stellen würde (ähnlich denen, die wir auch gerade beantwortet haben) und die Zuschauer*innen mehrheitlich falsch antworteten. Was, wenn die Politiker*innen in Davos nun gar nicht falsch antworten würden? Roslings ganzer Vortrag wäre dahin. Etwas nervös stellte er die Fragen – und merkte dann, dass er sich umsonst Sorgen gemacht hatte. Zwar wussten die Politiker*innen mehr über Armut als der Rest der Bevölkerung (61 Prozent antworteten richtig), bei den anderen Fragen schätzten aber auch sie schlechter, als es ein Zufallsgenerator getan hätte.[155]

Rosling hat auf der ganzen Welt Vorträge gehalten und jedes Mal das Publikum gebeten, seine Fragen zu beantworten. Im Durchschnitt beantworteten sie zwei von zwölf Fragen richtig.[156] Niemand schaffte es, die komplette Punktzahl zu erreichen. Das beste Ergebnis, über Jahre, waren elf richtige Antworten – und das schaffte nur ein einziger Teilnehmer. Unter den schlechtesten Ergebnissen war laut Rosling eine Gruppe von Nobelpreisträgern. »Das ist keine Frage der Intelligenz. Alle scheinen ein vollkommen falsches Bild von der Welt zu haben.«[157] Im Vorwort zu seinem Buch verspricht er: »Ich werde Ihnen bewiesen haben, dass viele der Veränderungen, von denen Sie glaubten, dass sie nie geschehen würden, längst geschehen sind.«[158]

Folgen unserer Fehleinschätzungen

Egal, ob Wähler*innen, Politiker*innen, mit dem Nobelpreis ausgezeichnete Wissenschaftler*innen oder Manager*innen: wir alle treffen Entscheidungen, die auf vollkommen falschen Einschätzungen beruhen. In unserem Privatleben genauso wie in der Politik.

Institutionen würden in Katastrophenfällen oft versagen, weil ihren Entscheidungen falsche Annahmen zugrunde liegen, analysiert Rebecca Solnit in ihrem Buch *Whose Story Is This?*[159]

Rosling warnt, wir würden uns von unseren Instinkten zu einer »fast hysterischen« Weltsicht verleiten lassen – und das obwohl zum ersten Mal in der Geschichte Daten zu fast jedem Aspekt der globalen Entwicklung vorliegen.[160] Er scherzt: »Solange die Menschen eine Weltsicht haben, die wesentlich negativer ist als die Wirklichkeit, können schon bloße statistische Daten dazu beitragen, ihre Stimmung aufzuhellen.«[161]

Tatsächlich habe ich diesen Effekt schon öfter an mir beobachtet. Wann immer ich von Dingen lese, die besser sind, als ich es erwartet habe, löst sich ein kleiner Stein aus meinem Herzen. In den meisten Fällen wusste ich davor gar nicht, dass er da war. Erst durch den Moment des Abfallens spüre ich die Erleichterung.

Wenn es nach mir geht, können wir die folgenden Sätze von Rosling also gar nicht oft genug lesen:

> *Schritt-für-Schritt, Jahr um Jahr wird die Welt besser. Nicht nach jedem einzelnen Maßstab in jedem einzelnen Jahr, aber in der Regel trifft es zu. Auch wenn wir vor riesigen Herausforderungen stehen: wir haben enorme Fortschritte gemacht. Das ist die faktengestützte Weltsicht.*[162]

~

Warum ist das alles wichtig? Wenn wir glauben, dass alles immer schlechter und schlechter wird, glauben wir auch, dass alle Bemühungen der letzten Jahrzehnte umsonst waren. Wir sind weniger motiviert, sie zu unterstützen. Wir verlieren das Vertrauen in Politik und in gesellschaftlichen Fortschritt per se – einfach, weil wir ihn nicht wahrnehmen. Was also können wir tun, um uns gegen den Reflex zu wehren, dass wir die Welt falsch einschätzen?

Zuerst einmal können wir uns klarmachen, dass die meisten Dinge sich auf lange Zeit zum Positiven entwickelt haben.

Um diese Tatsache zu verinnerlichen, möchte ich Sie zu einem Gedankenspiel einladen, das ich in ähnlicher Form in einer Rede von Barack Obama gelesen habe: Stellen Sie sich vor, Sie wachen eines Morgens auf und vor Ihrem Bett steht eine Zeitmaschine. Sie wissen nicht, woher sie kommt und wie sie in Ihrem Zimmer gelandet ist. Aber Sie wissen – absolut sicher –, dass die Maschine fehlerfrei funktioniert.[163]

Am Fenster der Zeitmaschine hängt eine Gebrauchsanleitung, die Ihnen erklärt, was zu tun ist. Sie haben die außergewöhnliche Möglichkeit, selbst zu entscheiden, ob Sie den Rest Ihres Lebens weiter in der Gegenwart verbringen möchten oder lieber in einer Epoche Ihrer Wahl, die in der Vergangenheit liegt. Reisen in die Zukunft sind leider nicht möglich. Die Zeitmaschine kann nur diejenigen Zeiten ansteuern, die bereits tatsächlich passiert sind. Sie müssen nicht alleine reisen: Ihre Liebsten, Ihre Freund*innen und alle, die Ihnen ans Herz gewachsen sind, können mitkommen – schließlich sind wir Menschen und damit soziale Wesen. Es gibt nur eine Bedingung für Ihre Reise mit der Zeitmaschine: Sie können nicht voraussagen, welchem Geschlecht, welcher sexuellen Orientierung, welcher Hautfarbe, welcher Ethnie, welcher gesellschaftlichen Schicht und welcher Einkommensklasse Sie in Ihrem ausgewählten Zeitalter angehören werden. Die Karten werden unterwegs neu gemischt. Für welches Zeitalter würden Sie sich entscheiden? Würden Sie überhaupt in die Maschine steigen? Vermutlich würden viele von uns die außergewöhnliche Chance verstreichen lassen. Trotz aller noch bestehenden Ungerechtigkeiten – insgesamt ist die Welt heute gerechter als je zuvor.

»[A]ls Ganzes betrachtet war die Welt noch nie reicher, gebildeter, gesünder, weniger gewalttätig, als sie es heute ist«, sagte Barack Obama in seiner Rede. »Es ist schwierig, sich das vorzustellen, angesichts dessen, was wir in den Nachrichten sehen. Aber es ist wahr.«[164]

Wenn Sie also das nächste Mal von einem Missstand erfahren, können Sie sich folgende Fragen stellen: Wenn die gleiche Entwicklung in positiver Richtung passiert wäre, hätte ich davon erfahren? Und wenn ja, wo? Wie? In welchem Ausmaß? Kann ich wirklich sicher sein, dass ich alle, oder auch nur die wichtigsten, positiven Entwicklungen eines Tages mitbekomme? In meinem Freundes- und Freundinnenkreis, meiner Familie, in unserer Gesellschaft? Wenn Ihre Wahrnehmung, Ihr Gehirn und Ihre Aufmerksamkeit so funktionieren wie bei den meisten von uns, können Sie davon ausgehen, dass die meisten positiven Veränderungen an Ihnen vorbeifliegen, ohne dass Sie es jemals mitbekommen. Sie sind unsichtbar geworden, obwohl sie handfest und zweifellos nachgewiesen existieren. Deutlicher als langfristige Verbesserungen haben wir kurzfristige Rückschläge vor Augen, privat wie politisch. Damit wir die positiven Dinge um uns herum wieder sehen können, müssen wir sie sichtbar machen. Wir müssen aktiv auf die Suche gehen. Und das können wir.

Warum wir Meilensteine brauchen

Wenn wir beginnen, neben negativen Dingen auch positive Entwicklungen zu sehen, kommt uns das vielleicht erst einmal künstlich vor, erzwungen, als würden wir die Dinge verharmlosen. Ich kenne das Gefühl: Es gibt noch so viel Unglück und Ungerechtigkeit auf der Welt, wie können wir uns da über einzelne, vergleichsweise kleine Fortschritte freuen? Auch wenn noch nicht alles erreicht ist: Wir dürfen Meilensteine feiern. Es ist sogar gut, das zu tun. Meilensteine zeigen uns, dass wir etwas bewirkt haben, und sei es noch so klein. Sie zeigen uns, dass wir nicht hilflos sind, und dass wir mitgestalten können, in welcher Zukunft wir und die, die nach uns kommen, leben werden.

Es kann sein, dass wir auf Widerstände stoßen, wenn wir unsere neue Weltsicht teilen. Für Menschen, die gewohnt sind, vor allem das Negative zu sehen – und das sind die meisten von uns –, kann es wie eine Fantasiewelt wirken, wie Verharmlosung und Schönreden, wenn wir neben Negativem auch Positives miterzählen.

Ich selbst habe das in den letzten Monaten immer wieder erlebt, in den Gesprächen rund um unseren Dokumentarfilm *Wir sind jetzt hier*. Darin erzählen sieben junge Männer, wie sie es in den letzten Jahren geschafft haben, in Deutschland anzukommen und sich ein neues Zuhause aufzubauen.

Wir haben für *Wir sind jetzt hier* bewusst nur junge Männer interviewt, die alleine nach Deutschland gekommen waren, weil sie bei Politiker*innen aller Parteien und auch bei einigen Journalist*innen zur Zielscheibe für rechte Propaganda, Rassismen und Hass geworden waren. So lautete beispielsweise der Titel einer *Hart aber fair*-Sendung (ARD): *Junge Männer, geflohen aus Krieg und archaischen Gesellschaften – sind solche Flüchtlinge überhaupt integrierbar?* Wie unsi-

cher wird Deutschland durch sie? Mit unserem Film wollten wir diese angebliche Realität mit einer anderen Perspektive ergänzen. Wir wollten abbilden, wie vielfältig die Erfahrungen sind, die Menschen bei ihrem Neustart in Deutschland machen. Und wie unmöglich es ist, über all diese Erfahrungen zu einer einzelnen Bewertung zu gelangen. Statt zu beantworten, ob Integration nach 2015 funktioniert hat oder nicht, wollten wir den Zuschauer*innen andere Fragen mitgeben: Was braucht es, damit Integration gelingt? Und welche Rolle spielen wir als Mehrheitsgesellschaft dabei? In unserem Film erzählen die jungen Männer ihre Geschichte – angefangen bei ihrem ersten Tag in Deutschland bis zum Tag, an dem wir sie interviewt haben. Wenn jemand von Hürden, Tiefpunkten oder Rückschlägen erzählte, fragten wir nach: Was hat dir die Kraft gegeben, weiterzumachen? Wie ist es dir gelungen, damit umzugehen? Wo hast du neuen Mut gefunden? Die Männer erzählen von Freundschaften, die zum Familienersatz wurden, vom Glück, nach zwei Jahren im Container das erste Mal die eigene Wohnung aufzusperren, von dem unbeschreiblichen Gefühl, nach dreieinhalb Jahren gescheitertem Familiennachzug das erste Mal wieder die eigenen Kinder im Arm zu halten. Sie erzählen auch von rassistischen Übergriffen, Diskriminierung, der kaum auszuhaltenden Unsicherheit, über Jahre hinweg nicht zu wissen, ob sie überhaupt in Deutschland bleiben dürfen oder nicht, von Therapien, von depressiven Phasen, von schlaflosen Nächten, vom Frust, nicht arbeiten und keinen Deutschkurs besuchen zu dürfen, vom Tod eines Vaters, von der ständigen Sorge um die Familienmitglieder, die noch im Krieg leben, von dem Schuldgefühl, als Einziger in Sicherheit zu leben. *Wir sind jetzt hier* ist kein Feel-Good-Film. Es ist ein Film, der, neben vielen anderen Gefühlen, auch Hoffnung ausstrahlt.

Bei vielen der mehr als dreihundert Filmgespräche, die wir bisher geführt haben, kam irgendwann die Frage, warum wir ausschließlich solche Männer für den Film gewählt hätten, deren Leben eine absolute Erfolgsgeschichte darstelle. Zuerst wusste ich gar nicht so recht, was die Leute mit dieser Frage meinten. Es dauerte, bis ich verstand, was passiert war: Weil die Männer in unserem Film nicht ausschließlich Negatives erzählen, empfanden einige Zuschauer*innen es, als würden sie fast ausschließlich Positives berichten. (Tatsächlich sind etwa zwei Drittel des Films »negativ« und nur ein Drittel »positiv«, sofern sich diese Kriterien überhaupt so deutlich abgrenzen lassen.) Menschen erzählen einiges Positives und noch mehr Negatives, das Erzählte wird gehört und trotzdem hinterlässt es bei vielen den Eindruck: Ja, das sind nun gerade die, bei denen alles gut gegangen ist. Die, die nicht kriminell geworden sind, nicht drogensüchtig, die nicht im Gefängnis gelandet und auch nicht abgeschoben worden sind.

Der Anteil der geflüchteten jungen Männer, in deren Leben sich negative Dinge dieser Art ereignen, ist nicht die Mehrheit.[165] Die meisten Leute, die neu nach Deutschland gekommen sind, sind verhältnismäßig gut in ihrer neuen Heimat angekommen. Trotz aller Hürden, Vorurteile und rassistischen Strukturen, die ihnen im Weg standen, haben sie es geschafft, Freund*innen zu finden, eine Wohnung, einen Job.[166] Und trotzdem sind sie für uns die Ausnahmen. Diejenigen, bei denen »alles gut« gegangen ist. Dabei sind sie der Normalfall, nicht die Ausnahmen, und es ist nicht alles gut gegangen. Es ist nur: nicht alles schlecht gegangen.

»Dass Medien Realität konstruieren, bedeutet auch, dass die Dinge in unserer gemeinsamen sozialen Wirklichkeit erst sichtbar werden, wenn sie medial repräsentiert werden«, schreibt die Autorin Şeyda Kurt.

Denn die meisten Menschen der Dominanzgesellschaft haben ein homogenes Umfeld: Weiße *Menschen bleiben oftmals unter* Weißen, *Bürgerliche unter Bürgerlichen, cis Menschen unter cis Menschen. Wie die Realitäten anderer, marginalisierter Menschen aussehen, erfahren die meisten Menschen nur aus den Medien.*[167]

Soweit ich es beurteilen kann, war niemand derjenigen, die diese Frage gestellt haben, überdurchschnittlich rassistisch eingestellt. Viele von ihnen hatten jahrelang hauptberuflich oder ehrenamtlich mit geflüchteten Menschen zu tun, haben sich gegen Abschiebungen eingesetzt und für eine gerechtere Asylpolitik. Trotzdem hat diese Frage mit Klischees und Vorurteilen zu tun. Weil wir in der öffentlichen Debatte hauptsächlich mit Problemen zu tun haben, mit denen neu angekommene Menschen konfrontiert sind oder die wenige einzelne von ihnen selbst bereiten, halten wir einen jungen Mann, der offen über Trauma, Angst und Verzweiflung spricht, gleichzeitig aber auch Witze macht, wortgewandt in einer frisch gelernten Sprache erzählt und noch dazu eine eigene politische Meinung hat, für ein fast übernatürliches Phänomen.

Ich schreibe das alles nicht, um mich über die Frage unserer Zuschauer*innen zu erheben. Ich verstehe, woher sie kommt. Ich kenne den Reflex. Bestimmt lasse ich mich selbst hin und wieder von ihm leiten, besonders in Themen und Lebensbereichen, in denen ich mich weniger gut auskenne.

Ich erzähle von der immer wiederkehrenden Frage, damit wir uns klar darüber werden, dass es diesen Effekt gibt. Damit wir verstehen, wie stark unsere Neigung ist, anzunehmen, dass die schlimmen Dinge im Leben, die Verschlechterungen, das Unglück die Regel sind, der Normalzustand, der Alltag, und nicht: die Ausnahme.

Ich erzähle davon, damit wir uns klarmachen, dass diese Neigung nicht nur dann deutlich wird, wenn wir in einem Quiz über Statistiken unfassbar schlecht abschneiden, sondern dass sie auch beeinflusst, wie wir die Menschen in unserem direkten Umfeld wahrnehmen und wie wir mit ihnen umgehen.

Wie wir es schaffen, dem Negativ-Reflex zu widerstehen

Seit ich weiß, dass mein Gehirn negative Gedanken quasi magisch anzieht, fällt es mir leichter, nicht zu sehr auf diese Gedanken zu hören und mich stattdessen, ganz bewusst, in eine andere Richtung zu orientieren. Ich tue das schon seit einiger Zeit. Doch erst bei den Recherchen für dieses Buch habe ich verstanden, was genau dabei in meinem Kopf passiert.

In unserem Gehirn arbeiten mindestens 100 Billionen Synapsen.[168] Doch so hochentwickelt unser Gehirn ist – seine Fähigkeiten sind begrenzt: Es kann nur einen Bruchteil dessen wahrnehmen, was um uns herum passiert. Pro Sekunde kann es 40 bis 50 einzelne Informationen verarbeiten.[169] Das ist eine Menge. Aber es ist nichts im Vergleich zu der Menge an Informationen, die unser Gehirn empfängt: elf Millionen pro Sekunde. Von allen verfügbaren Informationen können wir also nicht mal ein Tausendstel Prozent verarbeiten.

Stellen Sie sich vor, vor Ihnen hinge eine riesige Luftaufnahme, auf der alle Einwohner*innen Baden-Württembergs abgebildet wären, winzig klein, jeweils wie der Kopf einer Stecknadel, und von all diesen 11.000.000 Menschen würden Sie 40, maximal 50 Menschen sehen. Der Rest wäre einfach nicht da. So funktioniert unser Gehirn.

Aus diesem Wissen ergeben sich zwei Dinge. Erstens: Selbst wenn wir uns am selben Ort, zur selben Zeit, in der exakt selben Situation befänden, wäre die Wahrscheinlichkeit, dass wir alle dasselbe wahrnehmen, extrem gering. Zweitens: Was wir jeweils wahrnehmen, hängt, Sekunde für Sekunde, davon ab, worauf wir unsere Aufmerksamkeit legen, für welche 40 bis 50 Informationen wir uns entscheiden.

Natürlich laufen die Prozesse in unserem Gehirn nicht so ab, dass wir sie steuern können. Wir können nicht jede Sekunde die Zeit anhalten und sagen: Moment! Ich schau mir erst kurz alle elf Millionen Informationen an und dann entscheide ich, für welche 50 ich mich entscheide. Unser Gehirn lässt uns nicht mitreden. Es legt ohne uns fest, welche Informationen ihm unverzichtbar erscheinen und welche weniger wichtig, jedenfalls im konkreten Moment.[170] Und vergessen wir nicht: Um uns vor dem Tiger zu schützen, ist unser Gehirn so programmiert, dass es sich auf Negatives, auf mögliche Risiken und Gefahren konzentriert.

Langfristig können wir aber durchaus mitreden bei der Frage, welche Informationen es unter die Top 50 schaffen, oder besser gesagt: welche Art von Informationen. Indem wir unsere Aufmerksamkeit trainieren, indem wir bewusst versuchen, das Positive um uns herum zu erkennen, verändern wir auch unsere Wahrnehmung – und damit: Unsere Realität.

~

Vor einigen Jahren hat meine Schwester eine Geschichte in unseren Familienchat geschickt:

*Ein Lehrer überrascht seine Klasse mit einem Test. Die Aufgabe scheint einfach: Die Schüler*innen sollen beschreiben, was auf dem Blatt Papier* *zu sehen ist, das der Lehrer gerade an sie ausgeteilt hat: Es ist weiß und in der Mitte ist ein schwarzer Punkt. Am Ende der Stunde sammelt der Lehrer die Antworten ein und beginnt, sie laut vorzulesen. Alle Schüler*innen – ohne Ausnahme – schreiben über den schwarzen Punkt, über seine Größe, Farbe und Durchmesser.*

»Keiner von euch hat über den weißen Raum auf dem Papier geschrieben«, sagt der Lehrer. »Alle haben sich auf den schwarzen Punkt konzentriert. Das Gleiche geschieht in unserem Leben. Wir haben ein weißes Papier erhalten und könnten es nutzen und genießen, aber wir konzentrieren uns auf die dunklen Flecken: schlechte Noten, komplizierte Beziehungen, gesundheitliche Probleme, Geldmangel – Sorgen, Ängste und Enttäuschungen. Wir hätten guten Grund zu denken, dass das Leben ein wunderbares Geschenk ist – es gibt immer einen Grund zum Lachen, zum Feiern und zum Freuen. Im Vergleich zu dem, was wir insgesamt in unserem Leben erfahren, sind die dunklen Flecken meist sehr klein, und dennoch sind sie es, die uns beschäftigen und unsere Lebensfreude trüben! Nehmen Sie die schwarzen Punkte wahr, doch richten Sie Ihre Aufmerksamkeit auch auf das weiße Papier und damit auf die glücklichen Momente und Chancen in Ihrem Leben!«

Ich weiß nicht, wer die Geschichte geschrieben hat, ob sie erfunden ist oder tatsächlich einmal irgendwo passiert ist. Aber mir gefiel sie sofort. Und als ich merkte, dass sie mir nicht mehr aus dem Kopf ging, nahm ich ein großes weißes Papier, malte einen schwarzen Punkt in die Mitte, rahmte das Bild ein und hängte es in unserem Schlafzimmer auf.

Seither erinnern mich der kleine Punkt und die große Fläche jeden Morgen beim Aufwachen und jeden Abend beim Einschlafen, und noch ein paar Mal dazwischen an all die schönen und besonderen Dinge, die um mich herum passieren. Jeden Morgen und jeden Abend schreibe ich kleine Wunder auf, die mir über den Tag begegnet sind, Menschen, für die ich dankbar bin, Gedanken, die mich überrascht haben, Begegnungen, die mein Herz erwärmt haben. Ein Gespräch mit der Nachbarin, ein goldener Sonnenuntergang oder Nebel am Morgen. Knisterndes Feuer, ohne Wecker aufwachen, ein guter Film. Kein Moment ist zu klein, um auf meiner Highlight-Liste zu landen – solange die Erinnerung an ihn schön ist.

Ich mache das Ganze nun seit ein paar Jahren. Und noch immer bin ich fast jeden Tag überrascht, wie viele Dinge mir einfallen. Immer noch passiert es mir regelmäßig, dass ich übersehe, wie viel Gutes in meinem Leben und in dieser Welt ist, wenn ich mich nicht ganz genau darauf konzentriere. Und immer wieder habe ich das Gefühl, dass die schönen Momente in meinem Leben mehr werden, je mehr ich mich darauf konzentriere, sie nicht zu übersehen. Besonders hilft es mir an Tagen, an denen ich mit dem Gefühl aufwache, über Nacht meinen Platz in der Welt verloren zu haben, oder an Abenden, an denen ich mich nach einem langen frustrierenden Tag am liebsten grummelnd in eine dunkle Höhle verkriechen würde.

Eine Zeitlang habe ich meine Highlights aufgehoben, kleine Zettel in einem Pestoglas, eine Art Zuversichtsarchiv, für schlechte Tage, wenn ich eine Erinnerung daran brauche, dass nicht alles vergebens ist.

Natürlich sind in dieser Zeit auch unangenehme Dinge passiert. Ich hatte Angst, ich habe geweint, ich habe gestritten, ich habe vor Wut geschrien, mir ist die Decke auf den Kopf gefallen, ich habe Menschen vermisst, fremde Orte herbeigesehnt, vergangene Zeiten. Ich habe mir Knochen gebrochen, war krank, hatte zu viel Arbeit und zu wenig Elan, um sie zu erledigen. Oft genug habe ich die Hoffnung verloren, dass sich Dinge ändern können.

Hätte ich mir vor ein paar Jahren vorgenommen, jeden Morgen und jeden Abend eine Shit-Liste zu schreiben, sie wäre Tag für Tag genauso lang und genauso detailliert ausgefallen wie die Liste meiner Highlights. Vielleicht sogar: länger. Vielleicht: detaillierter. Ich bin sicher, ich hätte in jedem Winkel meines Lebens Negatives gefunden, so lange bis ich irgendwann völlig gelähmt nach gar nichts mehr gesucht hätte – um bloß nicht noch mehr zu finden.

Es ist nicht so, dass ich glaube, dass das Leben nicht auch schwierig ist, ungerecht oder viel zu kompliziert. Es bringt nur nichts, sich zu sehr darauf zu fokussieren.

Es ist wie bei einer tscherokesischen Legende, die ich neulich gelesen habe: die Geschichte von den zwei Wölfen. Darin erklärt ein Großvater seinem Enkel unser Innenleben anhand zweier Wölfe, die permanent gegeneinander kämpfen: einem guten und einem bösen. Der böse Wolf verkörpert Hass, Zorn, Neid, Stress, Gier, Ungeduld, Sorgen, Schmerz, Eifersucht, falschen Stolz und ähnliche Gefühle; der gute Wolf steht für Liebe, Freude, Gelassenheit, Geduld, Hoffnung, Demut, Mitgefühl, Heiterkeit, Großmut. »Welcher Wolf gewinnt den Kampf«, fragt der Enkel seinen Großvater. Und der antwortet: »Der, den du fütterst.«[171]

Unsere Wahrnehmung schafft Realität. Nur wenn ich selbst Zuversicht, Liebe, Power und Mut finde, kann ich davon auch etwas weitergeben. Das Gute breitet sich aus, in Kreisen, und wir können immer an dem Punkt starten, an dem wir gerade sind. Der Effekt mag manchmal klein wirken, es ist nicht die große Revolution, die von einem Moment auf den anderen die ganze Welt verändert.

»Gedanken werden zu Handlungen, werden zur Ordnung der Dinge«, schreibt Rebecca Solnit, »doch führt dorthin kein gerader Weg. Niemand kann die Konsequenzen seiner Handlungen vorhersehen, und die Geschichte ist voll von kleinen Taten, die die Welt auf überraschende Weise verändert haben.«[172]

Unterschätzen wir nicht, dass wir alle Menschen um uns herum haben, deren Meinungen, Erfahrungen und Lebenswelten wir beeinflussen – in die eine oder in die andere Richtung. Wir können nicht absehen, was passiert, wenn wir unsere Aufmerksamkeit umlenken. Wenn wir unserem Gehirn angewöhnen, bei seiner Top 50-Auswahl an Informationen mehr positiv belegte Eindrücke aufzunehmen, als es bisher der Fall ist.

Wenn ich doch einmal merke, dass ich mich in düsteren Visionen darüber verzettele, was alles schiefgehen könnte, versuche ich, die Dinge um mich herum leiser zu schalten. Ich lege das Handy weg, verzichte eine Zeitlang auf Nachrichten, erinnere mich an das Gute in meinem Leben und suche nach Wegen, die Welt im Kleinen zu verändern. Jemanden zum Lachen zu bringen, einen Baum zu pflanzen oder einfach nur, dafür zu sorgen, dass es mir heute, an diesem Tag, in diesem Moment ein klein wenig besser geht.

Früher hätte ich mich dafür verurteilt. »Du verschließt die Augen vor dem Leid der Welt!«, hätte ich mir gesagt. »Du gibst auf, du gibst dich geschlagen. Du lässt zu, dass diese schlimmen Dinge, von denen wir uns alle geschworen haben, dass sie nie wieder passieren sollen, Tag für Tag geschehen, überall auf der Welt. Du lässt die anderen gewinnen.«

Heute denke ich: es ist das Beste, was du tun kannst. Du kannst nicht jeden Kampf gewinnen, und wenn du kämpfen willst, dann brauchst du Kraft. »Mich um mich selbst zu kümmern, ist kein Luxus«, schrieb die Schwarze lesbische Schriftstellerin Audre Lorde. »Es ist Selbsterhaltung und damit ein politischer Kampfakt.«[173]

Ich möchte Sie einladen: Lassen wir das Positive in unser Leben. Wir müssen keine Angst haben, dass es das Negative verdrängt, das verspreche ich Ihnen. Das Positive wird das Negative nicht von seinem Thron stoßen. Es wird sich einfach zu ihm setzen, ein bisschen drängeln, bis es genügend Platz hat, und sich dann entspannt und zufrieden lächelnd zurücklehnen. In dieser Position wird es, Tag für Tag, unsere Weltsicht um die ein oder andere schöne Sache, die ein oder andere gute Nachricht, die ein oder andere sonst leicht übersehene Verbesserung ergänzen. Kritisch werden wir immer noch sein. Mitfühlend sowieso. Und auch unsere Sorgen werden nicht von einem Moment auf den anderen verschwinden. Warum auch?

Trotzdem wird es Momente geben, in denen sich die Neubesetzung in unserem Herzen wie eine Revolution anfühlen wird – ein regelrechter innerer Machtwechsel! Probieren Sie's aus.

- Testen Sie die Gapminder-Fragen mit einer anderen Person in Ihrem Umfeld. Aus eigener Erfahrung kann ich Ihnen sagen: Es ist ein großer Spaß. Sie werden lachen, den Kopf schütteln, Vorsätze schmieden.

- Schreiben Sie eine Woche lang jeden Abend oder jeden Morgen drei positive Erinnerungen auf. Sie können alle Momente auf eine Liste schreiben oder jede Erinnerung einzeln auf ein Stück Papier, die Sie dann in einer Schachtel, einem Umschlag oder einem leeren Glas aufbewahren.

- Nehmen Sie sich am Ende der Woche fünf Minuten Zeit, um noch einmal die Highlights der vergangenen sieben Tage Revue passieren zu lassen. Achten Sie darauf, wie Sie sich fühlen – und ob sich Ihr Blick auf die Woche während des Lesens verändert.

The new dawn blooms
as we free it
for there is always light
if only we're brave enough to see it,
if only we're brave enough to be it.
AMANDA GORMAN

NEUN:
ZUKUNFT WIRD AUS MUT GEMACHT

»Du bist nie bereit dazu, ein Kind zu kriegen. Bis es plötzlich da ist und dich braucht. Unseres war wenigstens so nett, vorher anzurufen.«[174]

So beginnt ein Text, den mein Partner und ich vor einigen Jahren veröffentlicht haben. In dem Text beschreiben wir die wahrscheinlich verrückteste Reise, die wir in unserem Leben unternommen haben – sowohl im wörtlichen als auch im übertragenen Sinn.

> »Was glaubst du, wo ich bin?«, fragt mich Hasib, als wäre das hier ein Ratespiel. »In Deutschland?«, frage ich, weil ich hoffe, dass er den Weg über das Meer schon hinter sich hat. Weil ich will, dass er endlich angekommen ist. Weil er, der 16-Jährige aus Kabul, so wahnsinnig gut gelaunt klingt am Telefon. »Nein, nein«, sagt Hasib und lacht. »Griechenland?«, rate ich weiter. »Ungarn!«, ruft er. Die Polizei habe ihn verhaftet und Fingerabdrücke genommen. Er sei in einem Lager für minderjährige Flüchtlinge, in Fót, in der Nähe von Budapest. Dann bricht die Verbindung ab.

Wir hatten Hasib in Kabul kennengelernt. Er hatte uns von seinen Fluchtplänen erzählt und weil wir Angst hatten, dass ihm unterwegs etwas passieren könnte, hatten wir versucht, ihm davon abzuraten. Hasib war trotzdem losgefahren. Und jetzt war er da. Jedenfalls fast. Nach dem Telefonat begannen wir nach legalen Möglichkeiten zu suchen, wie Hasib nach Deutschland kommen könnte. Ein Minderjähriger, den wir kennen, dessen Identität wir bestätigen können – wir waren uns sicher, dass es einen Weg geben müsste.

Es gab ihn nicht. Und so beschlossen wir nach einigen Tagen, dass wir Hasib auf illegalem Weg nach Deutschland bringen würden. Wir hatten keinen ausgefeilten Plan, es war einfach ein erster Schritt, um die Situation etwas besser zu machen. Es war nicht nur Hasibs persönliche Situation, die uns damals zusetzte. Es war auch die Tatsache, dass so viele Menschen auf dem Weg nach Europa starben und dass Deutschland im Verhältnis zu seinen finanziellen und gesellschaftlichen Ressourcen so erschreckend wenig dagegen tat. Hasib aus Ungarn abzuholen, war das X, das wir finden konnten, in einem Moment, in dem wir uns rundherum ohnmächtig und hilflos fühlten.

Unterwegs waren wir nervös wie nie. Wir hatten nicht nur Angst, dass etwas passieren könnte. Wir hatten vor allem Angst, was mit Hasib passieren würde, sollte die Polizei uns erwischen. Es passierte nichts. Hasib lag auf dem Rücksitz unter einer Decke. Aber weder an den Grenzen noch auf dem Weg dazwischen wurden wir kontrolliert. Wir kamen, einfach so, in Hamburg an. Wir alle drei dachten damals, dass unsere gemeinsame Reise damit vorbei sei. Doch es kam anders. In der Sammelunterkunft, in der Hasib untergebracht war, ging es ihm von Woche zu Woche schlechter. Irgendwann entschieden wir zu dritt, dass Hasib bei uns einziehen würde. Er wurde unser Pflegesohn, wir wurden seine Pflegeeltern und zusammen wurden wir: eine Familie, mit allem, was dazugehört.

»Hätten wir vorher entscheiden müssen, dass Hasib nach seiner Flucht bei uns einzieht, wären wir wahrscheinlich nie nach Ungarn gefahren«, schrieb ich damals in unserem Text. »Allein die Vorstellung hätte uns überfordert.«[175] Zum Glück haben wir es nicht gewusst. Zum Glück haben wir es einfach gemacht. Denn von allen Entscheidungen, die ich bisher in meinem Leben getroffen habe, war die Fluchthilfe für Hasib mit Abstand die beste.

Damals habe ich gelernt, niemals zu unterschätzen, wie weitreichend die Folgen unserer Entscheidungen sein können – und wie bereichernd sich das Leben uns zeigt, wenn wir ihm die Chance dazu geben. Wenn wir uns beharrlich auf die Dinge fokussieren, die gut gehen könnten, und auf den Weg, der zu ihnen führt. In vielen Fällen werden wir erst mal nicht wissen, wo dieser Weg endet. Oder wie er verläuft. Häufig werden wir sogar nur den ersten Schritt sehen, und sonst nichts. Doch schon indem wir uns trauen, diesen ersten Schritt zu gehen, setzen wir alles in Bewegung.

Mir ist klar, dass wir mit Veränderungen dieser Art nicht die Welt retten können. Aber noch weniger können wir es, wenn wir verzweifelt auf der Couch sitzen, das Gesicht verziehen und schlechte Laune verbreiten. Und wer weiß, zu welchen Veränderungen die vielen kleinen Schritte von vielen Menschen an vielen Orten irgendwann einmal führen. Wer weiß, zu welchen Veränderungen sie schon geführt haben. »Die Zukunft kann viel besser sein. Und dafür lohnt es sich zu kämpfen«, schreibt die Politikwissenschaftlerin Natascha Strobl.[176]

Und wenn wir unser Ziel nicht erreichen? Wenn nicht einmal der erste Schritt so funktioniert, wie wir ihn uns vorgestellt haben? Auch das wird passieren. Und auch dann ist es für etwas gut. Wenn wir das Unmögliche versuchen, können wir nur gewinnen. Denn selbst wenn wir scheitern, haben wir Erfahrungen gesammelt, an denen wir wachsen, und Menschen getroffen, die uns später vielleicht bei einem anderen ersten Schritt helfen können. Manchmal gehe es auch nur darum, das Schlimmste zu verhindern, schreibt die Politikerin Aminata Touré. »Kein Schritt nach vorne, aber zumindest keiner nach hinten.«[177] Eine Bewegung, ein Protest, ein Aufschrei ist nicht erst dann erfolgreich, wenn der kritisierte Missstand behoben ist. Dass Menschen protestieren, dass sie zusammenkommen und gemeinsam eine bessere Zukunft fordern, ist bereits ein Erfolg. Nicht nur sein Ergebnis, sondern schon der Protest an sich verändert das Leben der Einzelnen.

Viel öfter als das Scheitern selbst stellt sich uns die Angst vorm Scheitern in den Weg. Wie viele Chancen auf einen ersten Schritt lassen wir ziehen, weil wir fürchten, am Ende das große Ziel doch nicht zu erreichen?

~

Kurz nachdem Hasib in Deutschland angekommen war, hatte er gesagt: Ich will einen Sixpack. Knapp zwei Monate später zog er sein T-Shirt hoch und sagte: schau mal. Sixpack, abgehakt. Und so ging es weiter: Hasib wollte Deutsch lernen, und lernte Deutsch. Er wollte einen Realschulabschluss schaffen, und schaffte ihn. Er wollte aufs Gymnasium und dort ein Jahr gut bestehen, und er bestand es. Er wollte eine Ausbildung im Außenhandel finden, und fand sie. Er wollte mit Produkten aus Afghanistan handeln, mit handgefertigten Schränken und mundgeblasenen Gläsern, und während ich dieses Kapitel schreibe, schickt Hasib ein Video, in dem er die erste Kiste voller Waren aus Kabul auspackt.

Wenn Hasib sich etwas vornimmt, dann klappt es. Hasib sagt, er hat das von seiner Mutter gelernt. Von klein auf habe sie ihn dazu ermutigt: Wenn du etwas wirklich willst, dann schaffst du es auch. Sein Trick dabei sei, sagt Hasib, sich die eigenen Träume so genau wie möglich vorzustellen, Szene für Szene wie in einem Film. Als wäre die Zukunft Vergangenheit und die Träume eine Erinnerung aus früheren Zeiten. Irgendwie, sagt Hasib, finde er so immer einen Weg. Als Hasib bei uns einzog, erinnerte ich mich daran, dass ich als Jugendliche auch einmal diese Einstellung gehabt hatte. Offenbar war sie mir irgendwo unterwegs verloren gegangen.

Wozu wir Träume brauchen

Mit acht Jahren habe ich gemeinsam mit meinen zwei besten Freunden den »Ökodil-Klub« gegründet. Wir haben Müll gesammelt und entsorgt, und wir haben so lange gegen Dosen demonstriert, bis an unserer Schule und in der Bäckerei im Ort keine mehr verkauft wurden (damals gab es noch kein Pfand). Natürlich konnte ich mit acht Jahren weder das X noch unsere Formel. Aus irgendeinem Grund wussten meine Freunde und ich damals einfach, was wir tun konnten, um die Dinge zum Besseren zu ändern. Lag es daran, dass wir noch keine Zeitungen gelesen haben? Keine Nachrichten geschaut und keine entmutigenden Aussagen à la »Das war schon immer so«, »So ist die Welt nun mal«, »Kann man nichts machen« gehört haben? Jedenfalls weiß ich, dass wir uns mit Sätzen dieser Art nicht hätten abwimmeln lassen.

Wie viele Chancen vergeben wir, weil wir nicht daran glauben, dass etwas, von dem wir träumen, tatsächlich wahr werden könnte? Wie viele Möglichkeiten lassen wir ungenutzt, aus dem einfachen Grund, dass wir uns eine Zukunft, so wie wir sie uns wünschen, gar nicht erst auszumalen wagen?

Als Hasib bei uns einzog, halfen nicht nur wir ihm dabei, eine neue Heimat zu finden. Wir waren selbst erst ein paar Monate zuvor aus Afghanistan zurückgezogen und Deutschland fühlte sich längst noch nicht wieder wie unser Zuhause an. Wir erheimaten uns Hamburg also zu dritt. An manchen Tagen waren mein Partner und ich diejenigen, die Zuversicht im Überschuss hatten, an anderen Tagen machte Hasib uns Mut.

An einem dieser Nachmittage – es war die Zeit, als Großbritannien für den Brexit gestimmt hatte, Trump zum Präsidenten gewählt worden war und die AfD in den Bundestag – sagte Hasib zu mir, ich solle mir nicht so viel Sorgen über die Zukunft machen, sondern einfach ein bisschen abwarten. In zehn, zwanzig Jahren habe sich das von selbst erledigt. »Dann leben wir einfach alle ganz normal zusammen hier in Deutschland.«

Im ersten Moment half mir der Gedanke nicht weiter. Doch je länger ich darüber nachdachte, desto besser gefiel er mir. Mit abwarten hatte Hasib nicht einfach nur abwarten gemeint. Er meinte: Die Zeit spielt für uns. Sei geduldig! Die anderen brauchen eben noch ein bisschen, um es zu kapieren.

Abwarten in diesem Sinne heißt nicht nichts tun. Im Gegenteil: Es heißt, weiterhin alles tun, was wir können; nur eben in dem Glauben, dass es Sinn macht – weil die Zeit auf unserer Seite ist. Und durch diesen Glauben überhaupt erst die Kraft zum Weitermachen zu finden.

Abwarten in diesem Sinne heißt geduldig sein. Es heißt, nicht aufzugeben, nur weil nach einigen Monaten, Jahren und manchmal auch Jahrzehnten ein Problem noch nicht vollständig gelöst ist. Es heißt, zu akzeptieren, dass der Kampf um gesellschaftlichen Fortschritt nicht nur der Weg, sondern schon das Ziel ist. Denn sosehr wir auf eine bessere Welt hoffen dürfen, ganz ohne Fehler wird sie niemals sein.

Abwarten in diesem Sinne heißt, die kleinen Schritte unterwegs zu feiern. Nicht um zu sagen, ach, alles gut jetzt, sondern um Luft zu holen und durchzuatmen. Um uns selbst daran zu erinnern, dass unsere Bemühungen Sinn haben. Selbst wenn es nur für einen Moment ist: die kleinen Erfolge schaffen es, das Unvorstellbare sichtbar zu machen, das Unerreichbare greifbar, die Utopie wahr.

Abwarten heißt auch, beim ersten Rückschlag nicht hinzuschmeißen, sondern Rückschläge mit einzuplanen und uns immer wieder selbst zu sagen: zehn Rückschläge, ein Erfolgserlebnis – das ist immer noch eine verdammt gute Quote; anstatt uns zu ärgern darüber, dass nicht jede unserer Handlungen in einem Erfolg mündet.

Abwarten heißt, den Dingen beim Wachsen zuzusehen und zu wissen, dass sie dafür eben manchmal Zeit brauchen. Und die Dinge, die vergehen? Auch sie waren nicht umsonst. Sie bleiben im kollektiven Gedächtnis unserer Gesellschaft und sie bleiben im Gedächtnis einzelner Menschen. Genauso wie ein Leben nicht umsonst war in dem Moment, in dem es endet, wird eine gesellschaftliche Bewegung nicht vergeblich in dem Moment, in dem sie stoppt. Selbst aus Plänen, die wir aufgeben, kann Jahre später noch etwas entstehen. Unterschätzen wir nicht, wie verworren die Wege sind, die gesellschaftlicher Wandel nimmt.

Abwarten heißt aber auch, hin und wieder zur Ruhe zu kommen, eine Weile nichts zu sagen, zu schweigen, zuzuhören, um dann wieder klar zu sehen, was da ist. Was schon geschafft ist. Und wie der Weg weitergehen kann.

Wir sind nicht alleine

Wenn ich Ruhe brauche, weil ich merke, dass die Welt beginnt, sich zu schnell zu drehen, gehe ich in den Gemüsegarten. Dort gibt es immer etwas zu tun, und egal, was ich tue – Unkraut jäten, Äste schneiden, Beeren ernten, die Beete mit Stroh abdecken –, ich sehe meine Erfolge direkt. Und jedes Mal entdecke ich etwas, das ich noch nie zuvor gesehen habe.

Einmal habe ich drei Tage lang nur Erde umgegraben. Dabei habe ich hunderte Regenwürmer gesehen. Weil ich gelesen hatte, dass Würmer wie nichts anderes dem Boden helfen, fruchtbar zu sein, gab ich mir Mühe, sie beim Harken nicht zu treffen, und sortierte sie stattdessen, Wurm für Wurm, mit der Hand von einem Haufen zum nächsten. Auf diese Weise setzte ich ein paar hundert Würmer um, bevor mir auffiel, dass es fast immer ein etwas größerer und ein etwas kleinerer Wurm waren, die ich in unmittelbarer Nähe aus der Erde fischte. Mich überkam ein mulmiges Gefühl: Leben Regenwürmer in Familien? Hatte ich hunderte Regenwurmfamilien voneinander getrennt? Ich nahm mir vor, der Frage auf den Grund zu gehen.

Abends begann ich zu googeln. Ich las alles, was ich finden konnte, aber eine eindeutige Antwort fand ich nicht. Zwar werden Regenwürmer oft in großen Mengen an einem Fleck angetroffen. Ob und inwiefern es sich dabei jedoch um die Mitglieder einzelner Familien handelt, wissen Forscher*innen bisher nicht. Sicher ist nur, dass Regenwürmer ihre Eier ablegen und die Würmer selbst zur Welt kommen. Bei meiner eigentlichen Frage kam ich also nicht weiter. Dafür fand ich eine ganze Menge anderer Infos, die mich begeisterten:

Regenwürmer können nicht riechen, nicht sehen und nicht hören. Trotzdem finden sie nachts ihren Weg an die Erdoberfläche und zueinander, um sich im Schutz der Dunkelheit zu paaren. Allein in Deutschland gibt es mehr als 40 verschiedene Regenwurmarten. Die weltweit größte bekannte Art lebt in Australien und wird bis zu einem Meter lang. Wenn ein solcher Regenwurm durch die Erde kriecht, können wir ihn mit bloßem Ohr hören, so laut ist das Geräusch, das er dabei macht.

Seinen Namen hat der Regenwurm nicht, weil er bei Regen an die Erdoberfläche kommt (das macht er, weil er das Geräusch von Regen für das Graben eines Maulwurfes hält, eines seiner geschicktesten Fressfeinde), sondern weil er so »rege« ist; weil er ständig in Bewegung ist. Ein einzelner Regenwurm, so wie wir ihn aus unserem Garten kennen, kann bis zu zehn Tonnen trockene Erde durch seinen Körper schleusen und in kostbaren Humus verwandeln. Noch mehr: Erde, die von einem Regenwurm veredelt worden ist, ist reich an Mikroorganismen und wappnet so die Pflanzen, die in ihr wachsen, gegen Krankheiten und Schädlinge – ganz ohne den Einsatz von Pestiziden und Herbiziden.

Ohne Würmer keine gesunde Erde. Ohne gesunde Erde keine gesunden Pflanzen. Ohne gesunde Pflanzen kein Obst, kein Gemüse, kein Salat, keine Kräuter. Am nächsten Tag wachte ich mit dem überwältigenden Gefühl auf, dass sich draußen im Garten die ganze Nacht über hunderte Würmer darum gekümmert hatten, dass unser Gemüse eines Tages gut wachsen würde – und das noch lange, bevor ich es überhaupt gepflanzt hatte.

Niemals würden wir auf die Idee kommen zu sagen, ein einzelner Regenwurm hätte uns das Leben gerettet. Aber wenn wir uns einmal vorstellen, was los wäre, wenn alle Würmer von heute auf morgen entscheiden würden, zu streiken, dann merken wir, wie sehr wir auf ihre Hilfe angewiesen sind. Dann merken wir, wie viel Kraft in ihnen steckt. So ähnlich ist es auch mit uns: Wir müssen die Welt nicht alleine retten, wir können es zusammen tun – und wir tun es längst.

In den letzten Jahren bin ich zahllosen Menschen begegnet, die unsere Welt zu einem besseren Ort machen.

Eine Frau, die jedes Jahr mehrere Male nach Delhi fliegt, um dort in der Deutschen Botschaft Arbeitsvisa für Jugendliche zu beantragen, die sie betreut und die mit ihren Asylanträgen keinen Erfolg hatten.

Ein Mann, der seit Jahrzehnten selbst Vogelhäuser baut und sie bei allen möglichen Anlässen an Freund*innen und Bekannte verschenkt, damit bei ihnen auch wieder Vögel nisten.

Zwei Mädchen im Grundschulalter, die eine ganze Gemeinde dazu aufrufen, gemeinsam mit ihnen Müll zu sammeln.

Drei andere Mädchen, die Unterschriften sammeln für einen Spielplatz in ihrem Dorf.

Ein Mann, der ein 13 Hektar großes Stück Land gekauft hat, um es zusammen mit ein paar Dutzend Freiwilligen zu renaturieren.

Ein Paar, das für seine Tochter einen Campervan barrierefrei ausbaut – und für andere Familien, die ohne einen Bus wie diesen nicht mit ihrem be_hinderten Kind in den Urlaub fahren können.

Ein Österreicher, der seinen Job gekündigt hat, um tausende Asylverfahren zu analysieren und nach systematischen Fehlern darin zu suchen, die einen Einspruch ermöglichen.

Eine Frau, die in betonierten Vorgärten heimlich Blumen pflanzt.

Ein Mann, der sich zum Ziel gesetzt hat, jede Person, der er begegnet ist, glücklicher zurückzulassen, als er sie angetroffen hat.

Ein Jugendlicher, der eine Nothilfe für Opfer von Überschwemmungen organisiert.

Eine Schauspielerin, die in lebensbedrohlichen Situationen aufgetreten ist, um auf die Rechte anderer aufmerksam zu machen, und die trotz Angriffen und Morddrohungen nicht aufhört, das zu tun, woran sie glaubt.

Ein junger Mann, der selbst geflohen ist, und jetzt andere psychologisch berät, die neu in Deutschland ankommen.

Eine Frau, die alle paar Wochen Dutzende Menschen zu sich nach Hause einlädt für sogenannte Erzählabende: Eine Runde, in der jede*r, eine Geschichte erzählen kann.

Einen Vater, der ein Jahr lang unbezahlten Urlaub nimmt, um die erste Zeit mit seinem Sohn zu verbringen, und der anderen Männern gegenüber davon schwärmt, anstatt sich zu rechtfertigen.

Ich könnte diese Liste ewig weiterführen. Es gibt viel mehr Menschen, als wir denken, die unser Zusammenleben schon jetzt konstruktiv gestalten. Bloß reden viele von ihnen nicht darüber – sie tun es einfach.

Die meisten Menschen in Deutschland finden, dass geflüchtete Menschen unsere Gesellschaft langfristig kulturell und wirtschaftlich bereichern.[178] Mehr als 80 Prozent der Menschen sehen großen oder sehr großen Handlungsbedarf beim Klimaschutz.[179] Mehr als 60 Prozent finden soziale Gerechtigkeit wichtig.[180] Auch wenn politische Entscheidungen und Wahlergebnisse das nicht immer vermuten lassen: die meisten Menschen in Deutschland träumen von einer gerechteren, nachhaltigeren und weltoffeneren Zukunft.

Wie können wir sie erreichen – die Menschen, und die Zukunft?

Erica Chenoweth hat diese Frage erforscht. Die Politikwissenschaftlerin beschäftigt sich mit gewaltfreiem Widerstand und unter welchen Bedingungen er gelingt. Dafür hat Chenoweth 627 revolutionäre Bewegungen untersucht, von 1900 bis 2019. Die Erkenntnis: gewaltfreie Revolutionen sind doppelt so oft erfolgreich wie gewaltvolle.[181] Die wirklich entscheidende Zahl ist jedoch eine andere: Erreicht eine Protestbewegung 3,5 Prozent der jeweiligen Bevölkerung, führt sie mit extrem hoher Wahrscheinlichkeit zum Erfolg.[182] 3,5 Prozent der Bevölkerung sind immer noch eine ganze

Menge, in Deutschland beispielsweise knapp drei Millionen Menschen. Aber es sind eben nicht 100 Prozent, und auch nicht 50. Und es macht einen Unterschied, ob wir, um gesellschaftlichen Fortschritt zu erreichen, alle Menschen in einem Land überzeugen müssen oder nur einen Bruchteil.

Unsere Möglichkeiten, Einfluss zu nehmen, sind dabei endlos. Wir können demonstrieren, wählen, Petitionen unterschreiben. Wir können Abgeordnete in unserem Wahlkreis kontaktieren, um über Probleme zu sprechen, die uns wichtig sind – und deren mögliche Lösungen. Wenn wir an einer Schule unterrichten, können wir mit unseren Schüler*innen trainieren, kritisch-konstruktive Debatten zu führen. Wenn wir Eltern sind, können wir unseren Kindern vorleben, in schwierigen Situationen nach dem X zu schauen. Wenn wir uns in einem Verein engagieren, können wir in unserem Team üben, konstruktiver miteinander umzugehen.

Unsere Geschichten, unsere Gespräche, unsere Worte, unsere Gedanken; unsere Taten, unsere Stimmen, unsere Entscheidungen, unsere Jobs. Wir können sie nicht nur dazu nutzen, unsere eigenen Leben zu verbessern, sondern auch die von anderen.

Je weniger Platz wir der Negativität in unserem Leben geben, desto mehr machen wir unsere Welt zu einem Ort, an dem wir Menschen tatsächlich etwas verändern können. Auf diesem Weg ist kein Schritt zu klein. Allein die Richtung, die wir einschlagen, zählt, und schon ein einzelnes Gespräch kann Entwicklungen lostreten, die wir uns niemals hätten erträumen lässen. Glauben wir nicht länger, dass unsere Worte ohne Macht sind. Entdecken wir die Kraft, die in ihnen steckt.

Eines meiner Lieblingszitate ist: »I am a part of all that I have met.«[183] Ich bin Teil von allem, das ich traf. Ich glaube fest daran, dass jede Begegnung in unserem Leben Spuren hinterlässt; dass jede Person, die wir treffen, Teil unserer Geschichte wird und ihren Lauf mitbestimmt, mal gravierend und über Jahre, mal eher beiläufig und nur für einen Moment. Und manchmal merken wir erst nach Jahrzehnten, wie sehr uns ein Mensch auf unserem Weg beeinflusst hat.

Wir, das sind nicht du und ich. Wir sind längst wir. Wir haben längst die Power, die wir brauchen, um unsere Zukunft zu ändern. Wir sehen es bloß noch nicht. Wir fühlen es nicht. Doch die Zukunft strahlt uns schon entgegen.

~

»In welcher Zukunft wollen wir leben? Ich glaube, diese Fragen sollten wir uns stellen und dann ein ganz konkretes Bild davon entwerfen.« Es ist Herbst, ich sitze auf einem Podium. Die vergangene Stunde haben wir über Asylpolitik, Menschenrechte und Ankommen in Deutschland gesprochen. Meine Mitredner*innen sind vor allem auf Probleme fokussiert. Meine Versuche, das Gespräch zu dem zu lenken, was helfen könnte, gelingen nur mäßig. Also sage ich irgendwann diesen Satz mit der Zukunft und dass wir ein Bild von ihr brauchen. Der Moderator greift die Idee auf und fragt reihum. Eine Frau, die für Misereor arbeitet, antwortet, dass sie zu Beginn der Corona-Pandemie immer wieder Gespräche geführt habe, wie unsere Gesellschaft besser werden könnte, und dass sie das gut fand. Eine genaue Vorstellung, wie diese Gesellschaft aussehen würde, beschreibt sie nicht. Ein Mann, der den Asylhelfer*innenkreis vor Ort repräsentiert, sagt, Krisen könnten auch eine Chance sein, konkrete Bilder hat aber auch er nicht. Beide können nicht erzählen, wie eine bessere Zukunft aussehen würde – und das obwohl sie sich seit Jahrzehnten für sie einsetzen.

Die zwei sind keine Ausnahme. Den meisten von uns fällt es schwer, sich eine Zukunft vorzustellen, in der wir gerne leben. »Wir haben verlernt, zu träumen«, sagt der Soziologe Harald Welzer.[184] Viel mehr als *für* etwas zu sein, sind wir gewohnt, uns *gegen* etwas zu positionieren. Gegen Klimawandel. Gegen Krieg. Gegen Rassismus. Gegen Sexismus. Gegen Atomkraft. Gegen Hass. Es ist wichtig, bestimmte Dinge entschieden abzulehnen und gegen sie zu protestieren. Aber zum Träumen von einer besseren Welt lädt es nicht gerade ein.

Und noch einen Effekt hat das dauernde Gegenhalten: Wenn wir beispielsweise nur davon sprechen, dass wir keinen Krieg wollen, sprechen wir trotzdem immer noch weiter vom Krieg. Wir geben ihm Bühne und Macht, anstatt in den Köpfen unserer Zuhörer*innen Bilder von friedlichem Zusammenleben, von Versöhnungsprozessen, von Sicherheit und Freiheit zu schaffen. Wir verstärken Bilder von Gewalt und Unterdrückung, obwohl wir genau die eigentlich überwinden wollen. In solchen Erzählungen neigen wir dazu, Menschen ausschließlich als sogenannte Opfer darzustellen, anstatt sie als Menschen zu sehen, die, genau wie wir, ein Leben in Sicherheit verdient haben.

Es ist wichtig, gegen manche Dinge zu sein. Aber es ist auch wichtig, für etwas zu sein und für etwas zu kämpfen. Wenn wir selbst nicht daran glauben, dass Wandel möglich ist, wenn wir selbst nicht wissen, wie er aussehen könnte, wie sollen wir ihn dann von den Verantwortlichen einfordern? Wir brauchen Visionen für die Zukunft, um ihr entgegenzuarbeiten.

Diese Zukunft beginnt damit, dass wir anders reden. Dass wir anders nachdenken, anders zuhören. Sie beginnt damit, dass wir unsere Ohnmacht abschütteln und unser Denken befreien. Sie beginnt damit, dass wir fühlen, wie stark wir sind, sobald wir aufhören, alleine zu kämpfen. Wenn wir uns gegenseitig helfen und an uns glauben, dann sind wir unaufhaltbar.

Wie also können wir das Träumen lernen? Wie finden wir die Zukunft, auf die wir hoffen? Indem wir sie uns vorstellen. Indem wir sie uns ausmalen, Szene für Szene wie in einem Film, so wie Hasib es vor Jahren für sich entdeckt hat. Indem wir anderen von ihr erzählen, ihnen vorschwärmen und mit ihnen diskutieren. Indem wir Schnittmengen finden und irgendwann einen ersten Schritt.

In meiner Zukunft stehe ich morgens auf und hole eine Zeitung aus dem Briefkasten.

Everything great that ever happened in this world happened first in somebody's imagination

ASTRID LINDGREN

NACHWORT: NUR MUT!

Ich bin die Jüngste von vier Geschwistern. Als meine Mutter mit mir schwanger war, war meine Schwester gerade zehn Jahre alt, ein Bruder acht, der andere sechs. Meine Brüder, das sagen alle, die dabei waren, stritten sich häufig. Einigkeit gab es vor allem dann, wenn sie sich gegen ihre ältere Schwester verbündeten. Als meine Geschwister erfuhren, dass ein neues Baby auf die Welt und in die Familie kommen würde, begannen sie also jeweils, sich ein bestimmtes Geschlecht herbeizusehnen. Meine Schwester wollte unbedingt ein Mädchen – zur ausgleichenden Gerechtigkeit –, meine Brüder unbedingt einen Jungen. Dann wären sie, so ihre Kalkulation, in der Mehrzahl und könnten ihre ältere Schwester endlich besiegen.

Als mein Bruder erfuhr, dass ich ein Mädchen werden würde, fiel er vor Schreck vom Stuhl. Er war verzweifelt und geschockt, so geht die Legende, und beruhigte sich erst, als meine Mutter ihm anbot, er könne ja eine »Räuberschwester« zur Schwester bekommen. *Ronja Räubertochter* lief damals im Kino, meine Geschwister hatten den Film gesehen und waren begeistert; sogar der jüngere meiner Brüder, der sich aus Angst vor den Wilddruden bei einigen Szenen unter seinem Sessel versteckt hatte.

Getauft wurde ich auf den Namen Barbara Pauline Ronja (Ronja war damals im katholischen Bayern nicht zulässig, weil es keine passende Heilige gab), und die ersten Jahre meines Lebens hieß ich Barbara. Heute nennen mich nur noch meine Taufpat*innen so, und der beste Freund meines Vaters – seine Schwester heißt auch Barbara, und weil seine Eltern in Sizilien geboren sind, rollt er die »r«s auf beruhigend glucksende Weise. Jedes Mal, wenn er meinen Namen sagt, fühle ich mich für einen kurzen Moment, als lebte ich in Italien.

Inzwischen mag ich den Namen, als Kind war das anders. Das lag vor allem daran, dass ich ihn nicht schreiben konnte. Die Buchstaben hatte ich gelernt: B A R – nur konnte ich mir ihre Reihenfolge nicht merken. Immer wenn ich versuchte, meinen Namen zu schreiben, landeten sie falsch aneinandergereiht auf dem Papier, egal, wie sehr ich mich bemühte. Es war zum Verzweifeln. Im Kindergarten unterschrieb ich meine Bilder und Basteleien also regelmäßig mit »Ronja«. Aber das führte natürlich auch zu Verwirrung.

Als ich in die Schule kam, bestand ich darauf, meine Hefte selbst zu beschriften. Und seither heiße ich Ronja. Ich liebte meinen Namen, vielleicht weil er neu war, vielleicht weil ich ihn erst noch anprobieren konnte, weil ich erst noch rausfinden konnte, wer ich – Ronja – denn nun eigentlich war. Dabei orientierte ich mich außerordentlich stark an meiner Namenspatronin. Ich feierte Räubergeburtstage, bei denen alle Gäste in schmutziger alter Kleidung erscheinen mussten, bei denen geschmatzt und gerülpst wurde und wir auf den Tischen tanzten. Jedes Jahr, wenn die Tage warm wurden, rannte ich einen Hügel hinunter und machte einen »Frühlingsschrei« – in der festen Überzeugung, dass sich das nun mal so gehörte, als Ronja. Bis heute träume ich davon, bei einem Wutanfall eine Handvoll Eier an die Wand zu schmeißen, wie Ronjas Räubervater Mattis es getan hat.

Am meisten beeindruckte mich aber eine Szene zu Beginn des Buches. Der Moment, in dem Ronja das erste Mal alleine die Ge-

gend um die Räuberburg ihrer Eltern erkunden darf. Kurz bevor sie losgeht, zählt Ronjas Vater Mattis ihr eine nach der anderen alle Gefahren auf, vor denen sie sich im Wald hüten soll: sich zu verirren, in den Fluss zu plumpsen, von Wilddruden oder Graugnomen angegriffen zu werden. Mattis ist aufgebracht, aber Ronja lässt sich nicht verunsichern. Völlig unbeeindruckt fragt sie jedes Mal nach, wie sie mit der jeweiligen Gefahr umgehen soll. Schließlich warnt ihr Vater sie vor dem Schlimmsten:

»Und dann hütest du dich davor, in den Höllenschlund zu fallen«, sagte Mattis.
Er meinte den Abgrund, der die Mattisburg in zwei Hälften teilte.
»Und was tu ich, wenn ich in den Höllenschlund falle?«, fragte Ronja.
»Dann tust du gar nichts mehr«, antwortete Mattis und stieß ein Gebrüll aus, als säße ihm alles Übel der Welt in der Brust.
»Na, dann«, sagte Ronja, nachdem Mattis ausgebrüllt hatte. »Dann falle ich eben nicht in den Höllenschlund. Sonst noch was?«
»O ja«, sagte Mattis. »Aber das merkst du schon selber so allmählich. Geh jetzt!«
Und Ronja ging.[185]

Ich hatte mit Ronja nicht nur einen neuen Namen bekommen, sondern auch ein Vorbild, wie ich leben wollte. Ich weiß noch, wie ich dachte: »Wow! So viele Gefahren, aber sie geht einfach trotzdem in den Wald. Und freut sich auch noch!« In den Wald gehen, ohne die Gefahren zu kennen, hätte ich auch schon mutig gefunden. Aber sie zu kennen, jede einzelne, beim Namen, sogar zu wissen, dass einige davon tödlich sein können, und trotzdem loszuziehen, das fand ich einfach unglaublich.

Ich war ein schüchternes Kind. Wenn ich Leute zum ersten Mal traf, redete ich grundsätzlich nicht mit ihnen. Auf allen offiziellen

Schul-, Klassen- und Kindergartenfotos schaue ich so ernst und grimmig in die Kamera, als wäre der Fotograf mein größter Feind. Aber wenn es darum ging, etwas Neues zu entdecken, zögerte ich nicht. Ich kletterte auf Bäume, aus Fenstern und in Müllcontainer, meine Freunde und ich bauten uns Höhlen im Wald und erforschten einen alten Bunker. Meine Neugierde kam mit einem gewissen Preis. Noch bevor ich zehn Jahre alt war, hatte ich mir ein Bein gebrochen, einen Arm und eine Platzwunde am Kopf, die genäht werden musste. Doch das konnte mich nicht davon abhalten, Abenteuer zu lieben. Jedenfalls die Vorstellung davon. Wenn Freundinnen bei mir im Garten zelteten, bestand ich darauf, dass wir das Haus nicht betraten und uns nur von Dingen aus dem Garten ernährten: Äpfel, Gänseblümchen, Brennnessel-Tee, über dem Lagerfeuer erhitzt. »So machen Abenteurer das«, war dabei mein beharrlich wiederholtes Argument, mit dem ich unglücklicherweise niemanden außer mich selbst überzeugen konnte.

Knapp zwanzig Jahre später zog ich nach Kabul. Und viele Leute hielten mich plötzlich für mutig: so jung, alleine, in einem Land, dessen Sprache ich nicht spreche. In einem Land, in dem Krieg herrscht. Und dann auch noch als Frau!

Ich selbst fand es wenig mutig, nach Kabul zu ziehen. Ich hatte keine Angst davor und ich finde: ohne Angst können wir gar nicht mutig sein. Wenn wir zum Beispiel Angst vor Hunden haben, ist »einen Hund streicheln« unglaublich mutig. Wenn wir keine Angst vor Hunden haben, ist »einen Hund streicheln« einfach nur: einen Hund streicheln. Genauso war es mit Kabul.

Für mich ist Mut keine Charaktereigenschaft, die wir haben oder nicht. Für mich ist Mut ein Muskel. Er wird größer, wenn wir ihn trainieren. Er erschlafft, wenn wir uns nicht um ihn kümmern.

Dass ich nach Kabul gezogen bin, war das Ende vieler kleiner mutiger Entscheidungen, nachdem ich eines Tages beschlossen hatte, immer die mutigere von zwei Varianten zu wählen. Eine Beziehung beenden, in der ich mich lange zu Hause gefühlt hatte. Von München nach Hamburg ziehen, um noch einmal neu anzufangen. Mich für einen Job bewerben, bei dem mir eine Absage wehgetan hätte. In Redaktionskonferenzen meine Meinung sagen, auch wenn ich keine Mitstreiter*innen für mein Anliegen hatte. Der Entschluss, mich selbständig zu machen.

Nach Kabul zu ziehen war nicht der erste Schritt, sondern der letzte von vielen, und als solcher erschien er mir nicht mutiger als die vielen anderen Schritte zuvor.

Mutig war ich – aus meiner Sicht – in anderen Momenten meines Lebens: Als ich eines verkaterten Morgens beschloss, keinen Alkohol mehr zu trinken. Als ich, zusammen mit meiner Höhenangst, vom Zehnmeterbrett sprang. Als ich mich dazu entschied, meine Oma beim Sterben zu begleiten, obwohl ich sie fünf Jahre nicht mehr gesehen hatte. Als ich beschloss, Pflegemutter eines 16 Jahre alten Jungen zu werden. Als ich meinem Partner einen Heiratsantrag machte, nachdem ich ihm jahrelang erklärt hatte, dass eine Ehe für mich definitiv nicht in Frage kommt. Als wir das erste Mal zu einer Paarberaterin gingen, weil wir lernen wollten, weniger und besser zu streiten. Als ich mich dazu überwand, in einer Hütte im Dschungel eine handtellergroße Spinne vor die Tür zu tragen.

All diese Momente waren weit davon entfernt, lebensbedrohlich zu sein. Und noch etwas haben sie gemeinsam: Um sie zu überstehen, musste ich mich verletzlich zeigen. Ich hörte auf, Alkohol zu trinken, weil ich mir eingestand, dass ich das, was ich suchte, niemals im Rausch finden würde. Ich sprang vom Zehnmeterbrett, weil ich meinen Neffen, meiner Cousine und meinem Cousin – alle im Teenageralter – tagelang von meiner Angst erzählt hatte und sie jetzt alle am Beckenrand standen und mich anfeuerten. Ich entschied mich, meine Oma beim Sterben zu begleiten, obwohl ich nicht wusste, wie sie reagieren würde, wenn sie mich das erste Mal nach so langer Zeit wiedersah. Ich beschloss, Pflegemutter zu werden, obwohl ich nicht darauf vorbereitet war und obwohl ich nie vorgehabt hatte, eine Familie zu gründen. Ich machte meinem Partner einen Antrag, obwohl ich nicht die geringste Ahnung hatte, wie er reagieren würde. Ich ging zur Paarberaterin, obwohl es bedeutete, mich vor einer dritten Person von meiner schlimmsten Seite zu zeigen, oder zumindest: davon zu erzählen. Ich beförderte die riesige Spinne nach draußen, obwohl ich sicher war – so irrational diese Angst auch ist –, dass sie mich angreifen würde.

Ohne unsere Angst, ohne unsere Verletzlichkeiten, können wir nicht mutig sein und so hilft uns unsere Angst dabei, mutig zu werden. Sie sagt: Du könntest hier langgehen, hier musst du keine Angst haben, oder du nimmst diesen anderen Weg, der zwar aufregend klingt, aber der auch schiefgehen könnte, bei dem du vielleicht alles verlierst. Ich versuche, möglichst oft den zweiten zu nehmen. Immer wieder führt er mich an Orte, an denen ich mich meinen Gefühlen stellen muss. Immer wieder staune ich, welche Wunder daraus entstehen.

Begonnen hat diese Reise mit Ronja Räubertochter. Ihre Geschichte hatte verändert, wie ich mich sah, wer ich sein wollte und welche Ziele ich mir im Leben setzte. Dreißig Jahre später haben sich die Szenen aus dem Buch, Ronjas Charaktereigenschaften und ihre Lebensweisheiten längst verselbständigt, sind verschmolzen mit anderen Geschichten und tatsächlichen Erfahrungen, die ich in meinem Leben gemacht habe. Aber noch immer prägen sie meine Entscheidungen. Noch immer beeinflussen sie, wer ich bin. Das ist die Macht von Geschichten. Sie bestimmen nicht nur, woran wir glauben. Sie bestimmen, wer wir sind.

DANKSAGUNG

Dieses Buch begann zu entstehen, lange bevor ich davon wusste. In Momenten der Verzweiflung, in Momenten voll Trauer und Ohnmacht – und in Momenten, die danach folgten, in denen ich wieder neuen Mut fassen konnte. Danke allen, die diese Momente mit mir geteilt haben. Familie, Freund*innen, völlig Fremde. Danke allen, die mir ihr Herz geöffnet haben; die mit mir gelacht, getanzt, den Kopf geschüttelt, vor Wut geschrien, Revolutionspläne geschmiedet, schlaflose Nächte durchwacht, ins Feuer gestarrt, gestritten, Berge bestiegen, gesungen und oft auch einfach nur geschwiegen haben. Danke allen, die mich ermutigt haben, meinen Weg zu gehen und ihn – mal einen Meter, mal tausende Kilometer – zusammen mit mir gegangen sind. Ohne euch und eure Liebe wäre dieses Buch nicht entstanden. Ganz besonders, lieber Uwe, nicht ohne dich. Danke!

Danke Nea, Fabian, Mariko, für einen Herbst, der ewig im Herzen bleibt. Danke Roger für eine Vorstellung davon, wie das vielleicht geht: irgendwie heil durchs Leben kommen. Danke meinen Schreibkomplizinnen und Vorbildern Julia Drache, Mercedes Lauenstein, Kübra Gümüşay, Julie Paucker. Ihr macht mich zu einer nachdenklicheren, glücklicheren und hoffentlich auch weiseren Ronja. Danke Marina und Horst, dass ihr nicht nur uns, sondern auch unseren Ideen und Geschichten ein neues Zuhause gegeben habt.

Danke Nik, dass du mir Licht zeigst, wenn ich es selbst nicht sehe. Danke dass du mich kennst, dass du mich siehst, dass du mich liebst. Danke dir für unseren Weg.

Danke Hasib für dein riesengroßes Löwenherz – und dass du aus uns eine Familie gemacht hast.

Danke allen, die unerschütterlich daran glauben, dass unsere Welt gerechter werden kann.

Die Zeit, in der ich dieses Buch beendet habe, war für mich eine düstere. Mit dem Kollaps der afghanischen Regierung und der Machtübernahme durch die Taliban verloren Dutzende meiner Freund*innen von einem Tag auf den anderen das Leben, wie sie es bisher kannten. Nik und ich versuchten alles, um wenigstens einige von ihnen außer Landes zu bringen, aber sehr lange fanden wir weder Halt noch Hoffnung. Wochenlang fühlte ich nichts außer Ohnmacht. Ich habe schon öfter Menschen verloren, die zu früh gehen mussten. Aber wie trauert man um ein ganzes Land? Tagsüber wechselte ich zwischen verzweifelten Hilferufen aus Kabul und eiskalten Behördengesprächen in Deutschland. Nachts verbesserte und ergänzte ich mein Manuskript. Ohne die Unterstützung meiner Familie hätte ich diese Zeit nicht überstanden. Danke fürs Zuhören, im Arm halten, zusammen weinen, ans Meer wandern. Danke fürs Zum-Lachen-Bringen, Ablenken, Tee-Bringen und mich daran erinnern, ihn auch wirklich zu trinken. Danke fürs Essenkochen, Tränentrocknen, Musikaufdrehen, Zum-Schlafen-Zwingen. Danke Julia und Max, dass ihr in dieser Zeit jegliche Fristen über Bord geworfen habt und auch sonst geduldige Verbündete wart. Danke, dass ihr von Anfang an an dieses Buch und seinen Platz in der Welt geglaubt habt. Danke Silke, Sahak, Jule, Verena, Alias, Hannah, Vanessa, Ralf – ihr wart und bleibt mein X aus dieser Zeit.

Während die Welt für mich so düster aussah wie nie zuvor, beschrieb ich, warum sie in Wirklichkeit besser ist, als wir denken. Nicht immer hat dieser Widerspruch in meinem Kopf Sinn ergeben. Mit der Zeit aber hat das Schreiben an diesem Buch dazu geführt, dass ich wieder neuen Mut gefunden habe. Mein Wunsch ist, dass es euch beim Lesen ähnlich geht.

Wie wir die Welt sehen hat Ihnen gefallen? Dann freue ich mich über eine positive Bewertung oder Rezension.
Infos zu weiteren Projekten finden Sie auf www.vonwurmbseibel.com

QUELLEN

1 Ipsos Mori (2017): Perils of Perception – Global Impact of Development Aid. S. 46; aufgerufen am 22.07.2021: https://www.ipsos.com/sites/default/files/ct/news/documents/2017-09/Gates_Perils_of_Perception_Report-September_2017.pdf

2 Duffy, B. (2018). Why we're wrong about nearly everything – A Theory of Human Misunderstanding. S. 200; New York: Basic Books

3 von Wurmb-Seibel, R. (2013). Die tägliche Portion Liebe. Nido-Magazin (29.11.2013). S. 46-54; Hamburg: Gruner + Jahr

4 Sinclair, S. J., Antonius, D. (2012). The Psychology of Terrorism Fears. S. 18; Oxford: Oxford University Press.

5 Ebd. S. 56.

6 Zitiert nach Sinclair, S. J., Antonius, D. (2012). The Psychology of Terrorism Fears. S. 92; Oxford: Oxford University Press.

7 Solnit, R. (2005). Hoffnung in der Dunkelheit. Unendliche Geschichten – wilde Möglichkeiten. S. 38; München: Pendo Verlag

8 Zitiert nach Solnit, R. (2015). Hope in the Dark. Untold Histories, Wild Possibilities. S. XVIII; Edinburgh: Canongate Books.

9 Sinclair, S. J., Antonius, D. (2012). The Psychology of Terrorism Fears. 5; Oxford: Oxford University Press.

10 Touré, A. (2021). Wir können mehr sein. Die Macht der Vielfalt. S. 249; Köln: Kiepenheuer & Witsch.

11 Haeming, A. (2020). Positiver Journalismus hat nichts mit Feelgood zu tun. *medium magazin* Nr. 1/2020. Aufgerufen am 29.07.2021: https://www.mediummagazin.de/mm012020-good-news-positiver-journalismus-nichts-mit-feelgood-zu-tun/

12 Adichie, C. (2009). The Danger of a Single Story. TED Global, aufgerufen am: 30.03.2021: https://www.ted.com/talks/chimamanda_adichie_the_danger_of_a_single_story/transcript#t-104561

13 Ebd.

14 Ebd.

15 Gümüşay, K. (2020). Sprache und Sein. S. 153; München: Hanser Berlin.

16 Jackson, J. (2019). You are what you read – Why changing your media diet can change the world. S. 14; London: Unbound.

17 Ebd.

18 Adichie, C. (2009). The Danger of a Single Story. TED Global, aufgerufen am: 30.03.2021 https://www.ted.com/talks/chimamanda_adichie_the_danger_of_a_single_story/transcript#t-104561

19 Fengler, S., Kreutler, M. (2020). Stumme Migranten, laute Politik, gespaltene Medien – Die Berichterstattung über Flucht und Migration in 17 Ländern. S. 49; Frankfurt am Main: Otto-Brenner-Stiftung. Aufgerufen am 02.07.2021: https://www.sueddeutsche.de/medien/medien-migration-studie-1.4757010

20 Kristof, N. D. (2009). Nicholas Kristof's Advice for Saving the World. Aufgerufen am 11.05.2021: https://www.outsideonline.com/outdoor-adventure/nicholas-kristofs-advice-saving-world/

21 Rasmussen Global, Dalia Research (2018). Democracy Perception Index. 1; aufgerufen am 29.07.2021: https://www.allianceofdemocracies.org/wp-content/uploads/2018/06/Democracy-Perception-Index-2018-1.pdf

22 Şafak,E. (2021). Hört einander zu! S. 8; Berlin: Kein & Aber.

23 Ebd. S. 15.

24 Solnit, R. (2019). Whose Story is This? S. 17; Chicago: Haymarket Books.

25 Staatsinstitut für Schulqualität und Bildungsforschung München (2009). Aufgerufen am 21.06.2021: https://www.gym8-lehrplan.bayern.de/contentserv/3.1.neu/g8.de/data/media/26540/Lektuerevorschlaege_Jg._12.pdf

26 Staatsinstitut für Schulqualität und Bildungsforschung München (2009). Aufgerufen am 21.06.2021: https://www.gym8-lehrplan.bayern.de/contentserv/3.1.neu/g8.de/index.php?StoryID=26540

27 Kurt, Ş. (2021). Radikale Zärtlichkeit. Warum Liebe politisch ist. S. 98; Hamburg: HarperCollins.

28 Campbell, J. J. (1949). A Hero with a Thousand Faces. New York: Pantheon Books.

29 Solnit, R. (2019). Whose Story is This? S. 143f. Chicago: Haymarket Books.

30 Neubauer, L., Repenning, A. (2019) Vom Ende der Klimakrise. Eine Geschichte unserer Zukunft, S. 117; Stuttgart: Tropen Sachbuch. S. 117. Tropen Sachbuch, Stuttgart.

31 Jackson, J. (2019). You are what you read – Why changing your media diet can change the world. S. 82; London: Unbound.

32 Ebd. S. 83.

33 Brodnig, I. (2021). Einspruch, S. 97f. Wien: Christian Brandstätter.

34 El Quassil, S. (2021). Gewogen und für falsch befunden? Übermedien. Aufgerufen am 24.09.2021: https://uebermedien.de/63443/gewogen-und-fuer-falsch-befunden-boehmermann-lanz-und-das-false-balance-dilemma/

35 Levitsky, S., Ziblatt, D. (2019). How Democracies Die, S. 70; New York: Broadway Books.

36 Petersen, A. M., Vincent, E., Westerling, A. L. (2019). Discrepancy in scientific authority and media visibility of climate change scientists and contrarians. Nature Communications, 10 / 3502. Aufgerufen am 12.04.2021: https://www.nature.com/articles/s41467-019-09959-4

37 Vgl. Deutsches Institut für Menschenrechte (2021). Aufgerufen am 04.10.2021: https://www.institut-fuer-menschenrechte.de/aktuelles/detail/rassistisch-und-rechtsextrem-klare-abgrenzung-von-der-afd-geboten

38 Engert, M. (2017). Diese Zahlen zeigen, dass Journalisten schuld am Erfolg der AfD sind – aber nicht nur sie. Buzzfeed. Aufgerufen am 27.09.2021: https://www.buzzfeed.de/recherchen/diese-zahlen-zeigen-dass-journalisten-schuld-am-erfolg-der-afd-sind-aber-nicht-nur-sie-90134711.html

39 AfD Bundesvorstand. (2016). S. 10f. Aufgerufen am 27.09.2021 und zitiert aus https://library.oapen.org/viewer/web/viewer.html?file=/bitstream/handle/20.500.12657/45979/CG_%20978-3-941159-51-8_web.pdf?sequence=1&isAllowed=y

40 Zitiert nach Ürük, B. (2016): Interne Anweisung von AfD-Chefin Frauke Petry legt Medienstrategie offen. Kress News. Aufgerufen am 21.09.2021: https://kress.de/mail/news/detail/beitrag/134284-interne-anweisungvon-afd-chefin-frauke-petry-legt-medienstrategie-offen-provokante-aussagen-unerlaesslich-sie-sorgen-fuer-notwendige-aufmerksamkeit.html

41 Zitiert nach: Illing, S. (2020). Flood the zone with shit. Vox. Aufgerufen am 24.09.20201: https://www.vox.com/policy-and-politics/2020/1/16/20991816/impeachment-trial-trump-bannon-misinformation

42 Haagerup, U. (2017). Constructive News – How to save the media and democracy with journalism of tomorrow. S. 61; Aarhus: Aarhus University Press.

43 Strobl, N. (2021). Radikalisierter Konservatismus. Eine Analyse. S. 114; Berlin: Suhrkamp.

44 Ebd.

45 Das vollständige Gespräch, aufgerufen am 28.07.2021: https://www.instagram.com/tv/CLU2dZiqvMG/?igshid=13lw2jn283089&hl=en

46 Monecke, N. (2021). Es geht uns nicht um Boykott, sondern um Transparenz. Zeit Online, 19.03.2021. Aufgerufen am 28.07.2021: https://www.zeit.de/zett/politik/2021-03/ns-familiengeschichte-instagram-diskussion-nazihintergrund-moshtari-hilal-sinthujan-varatharajah

47 Eva von Redecker in einem Instagram-Video vom 16.04.21 auf dem Account @this.is.germany – cohosted by Moshtari Hilal, Sinthujan Varatharajah und Candice Breitz, aufgerufen am 13.06.2021. https://www.instagram.com/tv/COVU4ohiZAa/?utm_source=ig_web_copy_link

48 Monecke, N. (2021). Es geht uns nicht um Boykott, sondern um Transparenz. Zeit Online, 19.03.2021. Augerufen am 28.07.2021: https://www.zeit.de/zett/politik/2021-03/ns-familiengeschichte-instagram-diskussion-nazihintergrund-moshtari-hilal-sinthujan-varatharajah

49 von Wurmb-Seibel, R. (2012). Dann kommen wieder Neue. DIE ZEIT (25). Aufgerufen am 17.01.2021: https://www.zeit.de/2012/25/Bundeswehr-Veteranen

50 Rosling, H. (2019). Factfulness. Wie wir lernen, die Welt so zu sehen, wie sie wirklich ist. S. 85; Berlin: Ullstein.

51 Brodning, I. (2021). Einspruch! Gegen Politikversagen und Meinungsdiktatur. S. 119; Wien: Christian Brandstätter.

52 Eigene Übersetzung. Im Original: Newspapers could have had the headline »Number of people in extreme poverty fell by 137,000 since yesterday – Every day in the last 25 years«. Roser, M. (2018). @maxcroser. Twitter. 11.04.2018. Aufgerufen am 13.03. 2021: https://twitter.com/maxcroser/status/852813032723857409?lang=de

53 Gielan, M. (2015) Broadcasting Happiness – The Science of Igniting and Sustaining Positive Change. S. 3; Dallas: BenBella Books.

54 Jackson, J. (2019). You are what you read – Why changing your media diet can change the world. S. 65; London: Unbound.

55 Gielan, M. (2015). Broadcasting Happiness – The Science of Igniting and Sustaining Positive Change. S. 4; Dallas: BenBella Books.

56 Ebd.

57 Johnston, W. M., Davey, G. C. L. (1997): The psychological impact of negative TV bulletins: The catastrophizing of personal worries. Aufgerufen am 12.07.2021: https://www.researchgate.net/publication/14149927_The_psychological_impact_of_negative_TV_news_bulletins_The_catastrophizing_of_personal_worries

58 Şafak, E. (2020). (2021). Hört einander zu! S. 33; Berlin: Kein & Aber.

59 Ebd. S. 41.

60 Levine, G. (1977). ›Learned Helplessness‹ and the Evening News. Journal of Communication, 27 (4). S. 100ff. Hoboken: John Wiley & Son. Aufgerufen am 19.05.2021: https://ur.booksc.eu/book/9465436/657282

61 »Zudem sind Nachrichten und Wahrheit laut Franziskus nicht allein eine Frage sachlicher Korrektheit, sondern auch ihrer konstruktiven Wirkung. Diese Idealvorstellung fasst er in den Begriff eines ›Jour-

nalismus für den Frieden‹. Der ist für ihn keine ›Schönfärberei‹, sondern ein Journalismus, der Unwahrheit, Effekthascherei und prahlerischen Reden den Kampf ansagt. Es gehe nicht darum, Nachrichten so schnell wie möglich lukrativ an den Mann zu bringen, sondern darum, tatsächliche Konfliktursachen zu erforschen, ihre Wurzeln zu verstehen und konstruktive Lösungen vorzuschlagen.« KNA. (2018). Geschichte der Fake News beginnt bei Adam und Eva. 24.01.2018. Aufgerufen am 18.03.2021: https://www.domradio.de/themen/papst-franziskus/2018-01-24/papstbotschaft-zum-mediensonntag-ueber-journalismus-des-friedens

62 Papst Franziskus (2020): Botschaft von Papst Franziskus zum 54. Welttag der sozialen Kommunikationsmittel. S. 2; Vatikan: Libreria Editrice Vaticana. Aufgerufen am 30.03.2022: https://www.vatican.va/content/francesco/de/messages/communications/documents/papa-francesco_20200124_messaggio-comunicazioni-sociali.pdf

63 Haagerup, U. (2015): Constructive News – How to save the media and democracy with journalism of tomorrow. S. 59; Aarhus: Aarhus University Press.

64 Reuters Institute for the Studies of Journalism at Oxford University. (2017). Digital News Report 2017. S. 40. Aufgerufen am 04.01.2021: https://reutersinstitute.politics.ox.ac.uk/sites/default/files/Digital%20News%20Report%202017%20web_0.pdf

65 Ebd.

66 Scott, C. (2015). Key research findings about young online audiences from BBC World Service. Aufgerufen am 21.06.2021: https://www.journalism.co.uk/news/five-key-research-findings-about-young-online-audiences-from-bbc-world-service/s2/a588021/

67 »A survey amongst Danes, made by Analyse Denmark for DR in December 2011, supported the public dissatisfaction of traditional news: 75 percent of viewers said that they are tired of watching politicians quarrel on TV; 50 percent said that news programs focus too much on conflicts; 5 percent wanted more stories of conflict; 83 percent asked for more stories inspiring solutions to the challenges facing society and the world.« Haagerup, U. (2017) Constructive News. S. 55; Aarhus: Aarhus University Press.

68 Van Eimeren, B. et al. (2016). Informationen fürs Leben. Studie zum Download, abgerufen am 19.09.2021: https://www.br.de/presse/inhalt/pressemitteilungen/glaubwuerdigkeitsstudie-br-b5-geburtstag-100.html

69 Gielan, M. (2015). Broadcasting Happiness – The Science of Igniting and Sustaining Positive Change. S. 3; Dallas: BenBella Books.

70 Cornell University in conjunction with Facebook: »researchers manipulated the news feed to be more positive, people posted more positive stories in their own feeds. The same holds true for the negative. With a sample size of more than 689.000 people, this was the first massive study to show the effects of emotional contagion.« Zitiert nach Gielan, M. (2015). Broadcasting Happiness – The Science of Igniting and Sustaining Positive Change. S. 233; Dallas: BenBella Books.
71 Wollebaek, D., Karlsen, R., Steen-Johnsen, K., Enjolras, B. (2019). Anger, Fear and Echo Chambers – The Emotional Basis for Online Behaviour. Aufgerufen am 06.02.2021: https://journals.sagepub.com/doi/pdf/10.1177/2056305119829859
72 Gielan, M. (2015). Broadcasting Happiness – The Science of Igniting and Sustaining Positive Change. S. 146; Dallas: BenBella Books.
73 Ebd.
74 Jackson, J. (2019): You are what you read. S. 1; London: Unbound.
75 Eichstaedt, J. C. et al. (2015). Psychological Language on Twitter Predicts County-Level Heart Disease Mortality. Psychol Science 2015 (2). S. 159–169; Aufgerufen am 29.02.2021: https://www.ncbi.nlm.nih.gov/pmc/articles/PMC4433545/
76 Ebd.
77 Solnit, R. (2019). Whose Story is This? S. 161; Chicago: Haymarket Books.
78 Ebd. S. 159.
79 Ebd. S. 158.
80 Ebd. S. 4f.
81 Oliver, M. (2016). Upstream. S. 78; London: Penguin Books.
82 Gielan, M. (2015). Broadcasting Happiness – The Science of Igniting and Sustaining Positive Change. S. 120; Dallas: BenBella Books.
83 Kramp, L, Weichert, S. (2020). Nachrichten mit Perspektive. Otto-Brenner-Stiftung. Aufgerufen am 16.09.2021: https://www.otto-brenner-stiftung.de/wissenschaftsportal/informationsseiten-zu-studien/nachrichten-mit-perspektive/
84 Rosenberg, T. (2001). »Look at Brazil!« New York Times Magazin, aufgerufen am 27.09.2021: https://www.nytimes.com/2001/01/28/magazine/look-at-brazil.html
85 Kortava, D. (2015). The Power of Solutions Journalism: a conversation with Investigative Reporter Tina Rosenberg. Aufgerufen am 12.03.2021: https://www.one.org/us/blog/the-power-of-solutions-journalism-a-conversation-with-investigative-reporter-tina-rosenberg/
86 Reset (2018). What is Constructive Journalism and why do we need it? Aufgerufen am 12.03.2021: https://www.one.org/us/blog/the-power-

of-solutions-journalism-a-conversation-with-investigative-reporter-tina-rosenberg/

87 https://en.reset.org/knowledge/what-constructive-journalism-and-why-do-we-need-it-05062018

88 Gümüşay, K. Sprache und Sein (2020). S. 181; München: Hanser Verlag.

89 Swisslife. (2020). Stress-Statistik: Zwei von drei Deutschen im Job gestresst. Aufgerufen am 30.05.2021: https://www.swisslife.de/ueber-swiss-life/presse/pressemitteilungen/newsfeed/2019/07-24.html
TK (2016). Entspann dich, Deutschland – TK-Stressstudie 2016. Aufgerufen am 30.05.2021: https://www.tk.de/resource/blob/2026630/9154e4c71766c410dc859916aa798217/tk-stressstudie-2016-data.pdf

90 Haraldsson, G., Kellam, J. (2021). Going Public: Iceland's Journey to a shorter working week. Alda & Autonomy. Aufgerufen am 30.06.2021: https://autonomy.work/wp-content/uploads/2021/06/ICELAND_4DW.pdf

91 Ebd.

92 Ebd.

93 Ebd.

94 saw. (2021). Spanien testet die Vier-Tage-Woche jetzt auf nationaler Ebene. 15.03.2021. Welt Online. Aufgerufen am 21.05.2021: https://www.welt.de/wirtschaft/article228307069/Spanien-testet-die-Vier-Tage-Woche-mit-einem-Pilotprojekt.html

95 Paybarah, A. (2020). A 4-Day Workweek for 5 Days' Pay? Unilever New Zealand is the latest to try. 03.12.2020. Aufgerufen am 07.01.2021: https://www.nytimes.com/2020/12/03/business/unilever-work-week.html

96 FAZ (2020). Dänemark gibt Öl- und Gasförderung in der Nordsee bis 2050 auf. Aufgerufen am 10.10.2021: https://www.faz.net/aktuell/wirtschaft/klima-energie-und-umwelt/klimaschutz-daenemark-gibt-oel-und-gasfoerderung-bis-2050-auf-17084553.html

97 Foreign Policy (2021). Ministerpräsidentin Mette Frederiksen präsentiert: Dänemarks Plan für eine grüne Zukunft. Aufgerufen am 01.11.2021: https://www.merkur.de/politik/daenemark-biden-mette-frederiksen-ministerpraesidentin-usa-klimawandel-schifffahrt-wind-90579055.html

98 Green Shipping News (2021). Maersk will bereits ab 2023 ein klimaneutrales Schiff betreiben. Aufgerufen am 30.05.2021: https://www.green-shipping-news.de/maersk-methanol-klimaneutral/

99 Foreign Policy (2021). Ministerpräsidentin Mette Frederiksen präsentiert: Dänemarks Plan für eine grüne Zukunft. Aufgerufen am 01.11.2021:

https://www.merkur.de/politik/daenemark-biden-mette-frederiksen-ministerpraesidentin-usa-klimawandel-schifffahrt-wind-90579055.html

100 Bundesministerium für Wirtschaft und Energie (2020). Europäische Energiepolitik. Aufgerufen am 23.10.2021: https://www.bmwi.de/Redaktion/DE/Artikel/Energie/europaeische-energiepolitik.html#:~:text=Neufassung%20der%20Erneuerbare-Energien-Richtlinie&text=Der%20Anteil%20der%20erneuerbaren%20Energien,auf%20mindestens%2032%20Prozent%20erh%C3%B6hen.

101 Wear, A. (2020). Solved! How other countries cracked the world's biggest problems (and we can too). S. 19; London: One World Publications.

102 Offizielle Website der Insel Samsø (2020). Renewable Energy Island. Aufgerufen am 15.10.2021: https://www.visitsamsoe.dk/en/inspiration/energy-academy/

103 Wear, A. (2020). Solved! How other countries cracked the world's biggest problems (and we can too). S. 7-30; London: One World Publications.

104 Sell, K. (2020). Insel Samsø: Leben ohne CO_2-Ausstoß. NDR. Aufgerufen am 21.10.2021: https://www.ndr.de/Insel-Sams-Leben-ohne-CO2-Ausstoss,samsoe104.html

105 Klügling, E. (2021). Klimaneutral bis 2025 – was die Welt von Kopenhagen lernen kann. Utopia. Aufgerufen am 17.10.2021: https://utopia.de/ratgeber/kopenhagen-klimaneutral-bis-2025-vorbild/

106 Wear, A. (2020). Solved! How other countries cracked the world's biggest problems (and we can too). S. 12; London: One World Publications.

107 World Happiness Report (2020). S. 20; Aufgerufen am 17.10.2021: https://happiness-report.s3.amazonaws.com/2020/WHR20.pdf

108 Wear, A. (2020). Solved! How other countries cracked the world's biggest problems (and we can too). S. 20; London: One World Publications.

109 Heinrich-Böll-Stiftung (2021). Fleischatlas. S. 38f. Aufgerufen am 18.10.2021: https://www.boell.de/sites/default/files/2021-01/Fleischatlas2021_0.pdf S. 38f

110 Reimport DK (2021). EU-Neuwagen aus Dänemark. Aufgerufen am 18.10.2021: https://www.reimport-dk.de/ZULASSUNGSSTEUER.194.0.html#:—:text=Neuwagenk%C3%A4ufer%20werden%20durch%20eine%20Zulassungssteuer,11.000%2C%2D%20Euro%20inkl.

111 Hautmann, D. (2021). Unterwegs nach Utopia. EnergieWinde. Aufgerufen am 18.10.2021: https://energiewinde.orsted.de/trends-technik/kopenhagen-nachhaltigkeit-umwelthauptstadt-radfahren-energie-vorzeigeprojekte

112 Schenck, N. (2020). Medizin ist ein öffentliches Gut. Süddeutsche Zeitung Magazin. Aufgerufen am 22.09.2021: https://sz-magazin.sueddeutsche.de/gesundheit/jamie-love-manon-ress-interview-corona-covid-19-88769?reduced=true
113 Amnesty International (2021). Covid-19-Impfstoffkrise. Pharma-Konzerne verfehlen selbst gesteckte Menschenrechtsziele. Aufgerufen am 22.09.2021: https://www.amnesty.de/informieren/aktuell/covid-19-impfstoffkrise-pharma-konzerne
114 Schröder, G. (2018). Der lange Kampf um faire Arbeitszeiten. 30.12.2018. Deutschlandfunk. Aufgerufen am 21.05.2021: https://www.deutschlandfunk.de/100-jahre-acht-stunden-tag-der-lange-kampf-um-faire.724.de.html?dram:article_id=437117
115 Rosenzweig, R. (1985). Eight Hours for What We Will: Workers and Leisure in an Industrial City, 1870–1920. S. 1; Cambridge: Cambridge University Press.
116 Swisslife. (2020). Stress-Statistik: Zwei von drei Deutschen im Job gestresst. Aufgerufen am 30.05.2021: https://www.swisslife.de/ueber-swiss-life/presse/pressemitteilungen/newsfeed/2019/07-24.html
TK (2016). Entspann dich, Deutschland – TK-Stressstudie 2016. Aufgerufen am 30.05.2021: https://www.tk.de/resource/blob/2026630/9154e4c71766c410dc859916aa798217/tk-stressstudie-2016-data.pdf
117 Bärschneider, N. (2020). Kürzer, besser, glücklicher. FAZ. Aufgerufen am 20.10.2021: https://www.faz.net/aktuell/karriere-hochschule/buero-co/sechs-stunden-arbeitstag-kann-das-gutgehen-16565666.html
118 Kontio, C. (2021). Lasse Rheingans: »Es arbeitet doch niemand acht Stunden im Büro«. Mindshift-Podcast. Aufgerufen am 21.20.2021: https://www.handelsblatt.com/audio/mindshift-podcast/mindshift-podcast-lasse-rheingans-es-arbeitet-doch-niemand-acht-stunden-im-buero/27093936.html?ticket=ST-5628325-6gNLz5zMM1RvDoBkZN5T-ap3
119 Neubauer, L., Repenning, A. (2019). Vom Ende der Klimakrise. Eine Geschichte unserer Zukunft, S. 215; Stuttgart: Tropen Sachbuch.
120 Reuters Institute for the Study of Journalism (2021). How journalists can better cover the climate crisis. Spotify. Aufgerufen am 23.10.2021: https://open.spotify.com/episode/0lLVEuuN5VBq6VZ9qT7x5d?si=WLuBCqQ7QLyhyGceE2s5SQ&context=spotify%3Ashow%3A13LOjCqk1CIbHcsuRuNOXr&dl_branch=1&nd=1
121 Landkreis Erlangen-Höchstadt (2016). Solarpotenzialkataster. Aufgerufen am 24.10.2021: https://www.solare-stadt.de/erlangen/Solarpotenzialkataster?lat=49.573676&lon=11.198667

122 Landkreis Erlangen-Höchstadt (2021). Sofortmaßnahmen für die Gesamtstadt. Aufgerufen am 24.10.21: https://www.erlangen.de/PortalData/1/Resources/030_leben_in_er/dokumente/amt_31/31klima_Klimaneutral_2030_Klima-Aufbruch_in_Erlangen_-_Sofortmassnahmen_fuer_die_Gesamtstadt.pdf

123 Reuters Institute for the Study of Journalism (2021). How journalists can better cover the climate crisis. Spotify. Aufgerufen am 23.10.2021: https://open.spotify.com/episode/olLVEuuN5VBq6VZ9qT7x5d?si=WLuBCqQ7QLyhyGceE2s5SQ&context=spotify%3Ashow%3A13LOjCqk1CIbHcsuRuNOXr&dl_branch=1&nd=1

124 Ebd.

125 Wimpelmann, T. (2016). A good ally: Norway in Afghanistan. Bergen: Chr. Michelsen Institute. Aufgerufen am 10.03. 2021: https://www.cmi.no/news/1711-a-good-ally-norway-in-afghanistan

126 Ruttig, T. (2016). Der Bericht zum Afghanistan-Einsatz. Und Deutschland? 20.10.2016. Aufgerufen am 11.03. 2021: https://thruttig.wordpress.com/2016/10/20/selbstkritisches-norwegen-der-bericht-zum-afghanistan-einsatz-und-deutschland/

127 Schenck, N., von Wurmb-Seibel, R. (2014). Erbschaft eines Krieges. Tagesspiegel. Aufgerufen am 24.10.2021: https://www.tagesspiegel.de/themen/reportage/nato-blindgaenger-in-afghanistan-36-tote-und-86-verletzte-gab-es-seit-2010-durch-nato-munition/11054782-2.html

128 Gielan, M. (2017). Journalist Manifesto. Aufgerufen am 12.05.2021: http://michellegielan.com/wp-content/uploads/2017/09/Journalist-Manifesto201710.pdf

129 Heinrichs, E. (2021). Lösungen, Perspektiven, Dialog – Warum konstruktiver Journalismus sich für Medien und Gesellschaft lohnt. 29; Grimme Institut. Aufgerufen am 19.07.2021 https://www.grimme-institut.de/fileadmin/Grimme_Nutzer_Dateien/Institut/Dokumente/Lo__sungen_Perspektiven_Dialog.pdf

130 Struggles from Below (2020). Mission Statement. Aufgerufen am 01.12.2021: https://strugglesfrombelow.com/about

131 »In anderen Redaktionen berichten Journalist:innen von intensiven Diskussionen um den Begriff und die Umsetzung von Konstruktivem Journalismus. Immer wieder werden Bedenken geäußert, der Konstruktive Journalismus sei nicht kritisch genug, er sei positiv voreingenommen und aktivistisch. Auch eine Befragung unter allen Ressorts und Sprachenprogrammen der Deutschen Welle hat ergeben: Neben einer Vielzahl von Redakteur:innen und Redaktionsleiter:innen, die in ihm große Chancen sehen, gibt es immer noch diejenigen, die ihm eine Nähe zu PR oder banalen »good news« unterstellen.

Programmdirektorin Gerda Meuer: ›Aus der Nutzer:innenforschung wissen wir, dass etwa zwei Drittel unserer TV-Zuschauer:innen das englischsprachige Nachrichtenangebot der DW einschalten, weil sie sich von uns als internationalem Sender Hinweise versprechen, wie sie Probleme lösen können, die sie bei sich zuhause haben.‹ Dennoch, so Meuer ›haben immer noch viele Redakteur:innen Sorge, mit einem lösungsorientierten Ansatz als nicht kritisch genug wahrgenommen zu werden. Ich habe dafür Verständnis und führe viele Diskussionen.« Heinrichs, E. (2021). Lösungen, Perspektiven, Dialog – Warum konstruktiver Journalismus sich für Medien und Gesellschaft lohnt. S. 33; Grimme Institut. Aufgerufen am 19.07.2021: https://www.grimme-institut.de/fileadmin/Grimme_Nutzer_Dateien/Institut/Dokumente/Lo__sungen_Perspektiven_Dialog.pdf

132 Reuters Institute for the Study of Journalism (2021). How journalists can better cover the climate crisis. Spotify. Aufgerufen am 23.10.2021: https://open.spotify.com/episode/olLVEuuN5VBq6VZ9qT7x5d?si=WLuBCqQ7QLyhyGceE2s5SQ&context=spotify%3Ashow%3A13LOjCqk1CIbHcsuRuNOXr&dl_branch=1&nd=1

133 ARD (2014). Tagesschau vom 11. 12. 2014. 6:58 – 7:20; aufgerufen am 29.07.2021: https://www.youtube.com/watch?v=Zcq-ci9MP9Y

134 Sitrin, M., Colectiva Sembrar. (2020). Pandemic Solidarity, S. 149; London: Pluto Press.

135 Haagerup, U. (2017). Constructive News – How to save the media and democracy with journalism of tomorrow. S. 78; Aarhus: Aarhus University Press.

136 Jackson, J. (2019). You are what you read – Why changing your media diet can change the world. S. 134; London: Unbound.

137 Gielan, M. (2015). Broadcasting Happiness – The Science of Igniting and Sustaining Positive Change. S. 53; Dallas: BenBella Books.

138 Raghunathan, R. et al. (2016). *If You're So Smart, Why Aren't You Happy?* 8. Portfolio.

139 Baumeister, R. F. et al. (2001). »Bad Is Stronger Than Good«, *Review of General Psychology* 5.4, S. 323. Aufgerufen am 22.09.2021: http://www.wisebrain.org/papers/NegSalienceinMem.pdf

140 Gwadat, M. (2017). Solve for Happy, S. 199; New York: Gallery Books.

141 Baumeister, R. F. et al. (2001). »Bad Is Stronger Than Good«, *Review of General Psychology* 5.4, S. 355f. Aufgerufen am 22.09.2021: http://www.wisebrain.org/papers/NegSalienceinMem.pdf

142 Ebd. S. 352f.

143 Gwadat, M. (2017). Solve for Happy, S. 193. Gallery Books.

144 Ebd. S. 195.

145 Gapminder (2020). Sustainable Development Misconception Study. Aufgerufen am 26.03.2021: https://www.gapminder.org/misconception-studies/sdg2020/

146 »In a few countries, like the US, the rate has been increasing for most age groups, especially among middle-aged men. Despite these variations, the global decline is clear.« Gapminder (2020). The Worldview Upgrader. Aufgerufen am 26.03.2021: https://www.gapminder.org/upgrader/q3/

147 Ebd.

148 Gapminder. (2020). Sustainable Development Misconception Study. Aufgerufen am 26.03.2021: https://www.gapminder.org/misconception-studies/sdg2020/

149 Ebd.

150 Ipsos Mori. (2017). Perils of Perception 2017. S. 4; Aufgerufen am 15.12.2020: https://www.ipsos.com/sites/default/files/ct/news/documents/2018-02/ipsos-mori-perils-of-perception-2017-chartso.pdf

151 Ebd.

152 Ebd. S. 10.

153 Ebd. S. 14.

154 Rosling, H. (2019). Factfulness. Wie wir lernen, die Welt so zu sehen, wie sie wirklich ist. S. 22f. Berlin: Ullstein.

155 Ebd.

156 Ebd. S. 19.

157 Ebd.

158 Ebd. S. 29.

159 Solnit, R. (2019). Whose Story is This? S. 151f. Chicago: Haymarket Books.

160 Rosling, H. (2019). Factfulness. Wie wir lernen, die Welt so zu sehen, wie sie wirklich ist. S. 131; Berlin: Ullstein.

161 Ebd. S. 67.

162 Ebd. S. 91.

163 The White House. (2016). Remarks by President Obama at Stavros Niarchos Foundation Cultural Center in Athens, Greece. Aufgerufen am 05.04.2021: https://obamawhitehouse.archives.gov/the-press-office/2016/11/16/remarks-president-obama-stavros-niarchos-foundation-cultural-center

164 Ebd.

165 Pro Asyl (2017). Fakten, Zahlen, Argumente. Aufgerufen am 2.10.2021: https://www.proasyl.de/thema/fakten-zahlen-argumente/fakten-gegen-vorurteile-2/

166 IAB (2020). Was wissen wir über die Erwerbstätigkeit von Geflüchteten. Aufgerufen am 02.10.2020: https://www.iab-forum.de/was-wis

sen-wir-ueber-die-erwerbstaetigkeit-von-gefluechteten-in-deutschland-einige-antworten-auf-haeufig-gestellte-fragen/

167 Kurt, Ş. (2021). Radikale Zärtlichkeit. Warum Liebe politisch ist. S. 135; Hamburg: HarperCollins.

168 Paál, G. (2019). Wie viele Gigabyte hat unser Gehirn? 11.04.2019. SWR Wissen. Aufgerufen am 11.05.2021: https://www.swr.de/wissen/1000-antworten/gesundheit/1000-antworten-2194.html

169 Gielan, M. (2015). Broadcasting Happiness – The Science of Igniting and Sustaining Positive Change. S. 37; Dallas: BenBella Books.

170 Ebd.

171 First People. American Indian Legends. Aufgerufen am 02.02.2021: https://www.firstpeople.us/FP-Html-Legends/TwoWolves-Cherokee.html

172 Solnit, R. (2005). Hoffnung in der Dunkelheit. Unendliche Geschichten – wilde Möglichkeiten, S. 112; München: Pendo Verlag.

173 Zitiert nach Gräfen, S. (2020). Radikale Selbstfürsorge. Jetzt! Eine feministische Perspektive. S. 19; Hamburg: Eden Books.

174 Schenck, N., von Wurmb-Seibel, R. (2015). Wir holen dich da raus. Süddeutsche Zeitung Magazin (45). Aufgerufen am 11.04.2020: https://sz-magazin.sueddeutsche.de/familie/wir-holen-dich-da-raus-81860

175 Ebd.

176 Strobl, N. (2021). Radikalisierter Konservatismus. Eine Analyse. S. 150; Berlin, Suhrkamp.

177 Touré, A. (2021). Wir können mehr sein. Die Macht der Vielfalt. S. 255; Köln: Kiepenheuer & Witsch.

178 SVR (2018). Stabiles Klima in der Integrationsrepublik Deutschland. SVR-Integrationsbarometer 2018. Aufgerufen am 23.10.2021: https://www.svr-migration.de/wp-content/uploads/2018/09/SVR_Integrationsbarometer_2018.pdf#page=15

179 Zeit Online (2021). Mehrheit der Deutschen sieht Handlungsbedarf bei Klimaschutz. Aufgerufen am 23.10.2021: https://www.zeit.de/politik/deutschland/2021-07/ard-deutschlandtrend-klimaschutz-mehrheit-sieht-handlungsbedarf

180 Umweltbundesamt (2021). Umweltbewusstsein in Deutschland. Aufgerufen am 24.10.2021: https://www.umweltbundesamt.de/themen/nachhaltigkeit-strategien-internationales/umweltbewusstsein-in-deutschland

181 Chenoweth, E. (2021). Civil Resistance. What Everyone Needs To Know. S. 13; Oxford: Oxford University Press.

182 Haas, M. (2018). Die 3,5-Prozent-Regel. Süddeutsche Zeitung Magazin. Aufgerufen am 24.10.2021: https://sz-magazin.sueddeutsche.de/die-loesung-fuer-alles/gene-sharp-protest-ziviler-ungehorsam-88891
183 Tennyson, A. (1842). Ulysses. Poems – Volume Two. London: Moxon.
184 Aus dem Leben (2019). »Wir haben verlernt zu träumen!« Sozialpsychologe Welzer blickt in die Zukunft. SR 3 Saarlandwelle. Aufgerufen am 24.10.2021: https://www.ardaudiothek.de/episode/aus-dem-leben/wir-haben-verlernt-zu-traeumen-oder-sozialpsychologe-welzer-blickt-in-die-zukunft/sr-3-saarlandwelle/61509918
185 Lindgren, A. (1982). Ronja Räubertochter. S. 17f. Hamburg: Oetinger.

ZUM WEITERLESEN

Natascha Strobl: Radikalisierter Konservatismus: Eine Analyse. Suhrkamp. 2019.

Raul Krauthausen und Benjamin Schwarz: Wie kann ich was bewegen? Die Kraft des konstruktiven Aktivismus. Edition Körber. 2021.

Srđa Popović Protest! Wie man die Mächtigen das Fürchten lehrt. Fischer. 2015.

Kristina Lunz: Die Zukunft der Außenpolitik ist feministisch: Wie globale Krisen gelöst werden müssen. Ullstein. 2022.

Kübra Gümüşay: Sprache und Sein. Hanser Verlag. 2020.

Aminata Touré: Wir können mehr sein: Die Macht der Vielfalt. KiWi. 2021.

Şeyda Kurt: Radikale Zärtlichkeit: Warum Liebe politisch ist. HarperCollins. 2021.

Nermin Ismail: Hoffnung. Kremayr & Scheriau. 2021.

Rebecca Solnit: Whose Story Is This? Old Conflicts, New Chapters. Haymarket Books. 2019.

Andrew Wear: Solved: How Other Countries Cracked the World's Biggest Problems (and We Can Too). Oneworld Publication. 2020.

George Monbiot: Out of the Wreckage: A New Politics for an Age of Crisis. Verso. 2018.

Jenny Odell: How to Do Nothing: Resisting the Attention Economy. Melville House. 2020.

Rebecca Solnit: Hope in the Dark: Untold Histories, Wild Possibilities. Haymarket Books. 2016.

Eric Holthaus: The Future Earth: A Radical Vision for What's Possible in the Age of Warming. Harper One. 2020

Johann Hari: Lost Connections: Uncovering the Real Causes of Depression – and the Unexpected Solutions. Bloomsbury Circus. 2018.
Michelle Gielan: Broadcasting Happiness: The Science of Igniting and Sustaining Positive Change. BenBella Books. 2015
Rebecca Solnit: A Paradise Built in Hell: The Extraordinary Communities That Arise in Disaster. Penguin Books. 2010.